MANA-GEMENT

정대훈 지음

한눈에 보는 경영학

박영사

머리말

　이 책은 '경영학'이 아닌 '경영'에 대한 이해도를 높이기 위해 쓰여졌습니다. 여전히 많은 경영학 강좌들이 이론 중심의 개념 암기에 초점을 맞추고 있으며, 많은 경영 관련 도서들이 경영현상에 대한 파편적인 이해만을 제공하고 있습니다. 이 같은 경영학 교육의 한계를 극복하기 위하여, 이 책은 통합적 사고능력과 경영현상의 본질을 파악하는 통찰력을 키우는 데 초점을 맞추고 있습니다.

　경영이란 무엇일까요? 오늘날 경영이란 말은 흔하게 사용되고 있지만 정작 경영의 정확한 의미와 개념에 대해서는 이해가 부족한 상황입니다. 예를 들어, 사람들은 사업과 경영을 동일한 의미로 사용합니다. 하지만 사업은 대상이지만 경영은 행위이며, 사업은 직관적이지만 경영은 체계적이라는 차이가 있습니다. 또한 실제 경영활동의 규모에도 사업과 경영에는 큰 차이가 있습니다. 경영이란 용어를 좀 더 정확하게 이해하기 위해서는 그 주체와 대상, 목적과 요소들을 이해할 필요가 있습니다. 먼저 경영의 주체란 '누가 경영하는가?'를 의미합니다. 전통적으로는 최고경영자나 오너를 지칭하는 말이지만, 최근에는 자기경영(Self-management)이 부각되면서 경영의 주체는 조직의 의사결정권자뿐만 아니라 모든 구성원들을 지칭하게 되었습니다. 다음으로 경영의 대상이란 '무엇을 경영하는가?'를 의미합니다. 일반적인 경영 대상은 기업이지만, 실제로는 비영리조직, 학교, 종교단체, 가정 등 매우 다양한 경영의 대상들이 존재합니다. 따라서 경영의 목적도 다양할 수 있습니다. 기업의 목적은 이윤창출이지만 환경단체의 목적은 환경보호이며 학교의 목적은 인재육성이 될 수 있는 것입니다. 그리고 가장 중요한 경영요소들은 사명(Mission), 비전(Vision), 그리고 목표(Goal)입니다. 사명은 가장 궁극적인 것으로서, 개인이나 조직의 존재 이유 그 자체라고 할 수 있습니다. 비전은 흔히 '꿈'이라 불리는 것으로서 사명을 이루는 모습을 말하며, 목표는 사명을 이루는 방식과 방법, 그리고 계획을 말합니다.

그렇다면 경영활동은 어떻게 이뤄질까요? 경영활동이 지속되기 위해서는 조직의 구조와 시스템이 있어야 합니다. 그리고 이 구조와 시스템을 설계하기 위해서는 전략이 먼저 수립되어야 합니다. 저명한 경영학자인 알프레드 챈들러(A. D. Chandler)는 "구조는 전략을 따라간다(Structure follows strategy)"[1]라고 말했는데, 이는 전략이 있을 때 비로소 그에 적합한 구조를 설계하는 것이 가능하다는 의미입니다. 이 관점에서 전략이 없는 경영활동은 그저 관리와 통제에 불과한 것이라 볼 수 있습니다. 한편 분위기와 문화는 집단과 조직의 보이지 않는 힘입니다. 집단과 조직의 분위기와 문화를 어떻게 조성하느냐에 따라 경영활동의 승패가 달라지기 때문입니다. 하지만 분위기와 문화는 경영자가 어떤 의도를 가지고 변화시키기가 매우 어려운 요소들입니다. 또한 리더 없이는 경영활동이 계획적으로 일어나기 어려우며, 구성원들 없이는 경영활동이 실행될 수 없습니다. 따라서 경영활동이 성공적으로 일어나기 위해서는 리더와 구성원 각각의 역할이 중요한 것입니다. 경영활동은 세부화되고 전문화된 여러 기능들을 통해서 수행됩니다. 무언가를 계획하고, 만들고, 개발하고, 제공하는 등, 경영활동은 서로 다른 목적을 가진 여러 하위 경영기능들에 의해 상호보완적으로 이뤄지게 됩니다. 경영기능들에는 인적자원관리, 마케팅, 생산관리, 회계·재무관리 등이 있습니다.

경영은 왜 중요할까요? 경영의 중요성에 대해 설명하기 전에 아래 기업들을 살펴봅시다. 이 기업들의 공통점은 무엇일까요?

---

1 Chandler, A. D. (1962). Strategy and structure: Chapters in the history of American industrial enterprise. Cambridge: MIT Press.

STX그룹은 강덕수 회장의 샐러리맨 신화로 유명한 기업으로, 한 때 세계 10 대 조선기업에 속하기도 하였습니다. 하지만 과도한 인수합병으로 부실화가 가속화되어 2008년에 해체되었습니다. 엔론(Enron)은 2000년 초 가장 일하기 좋은 100대 회사 중 하나로 꼽히던 기업이었지만 이후 대규모 분식회계가 드러나면서 파산하였습니다. 백과사전의 대명사였던 브리태니커(Britannica)는 PC시대에 대응하고자 CD형태로 된 백과사전을 판매했으나 얼마가지 않아 위키백과의 등장으로 위기를 맞이하게 되었습니다. 미국 투자은행 4위였던 리먼 브러더스(Lehman Brothers)는 2008년 서브프라임 모기지 사태로 인해 파산하게 되었습니다. 1990년대 재계 3위였던 대우그룹은 과도한 부채비율을 유지하면서 무리한 사업확장을 하다가 유동성 부족으로 부도를 맞이했습니다. 샤프(Sharp)는 앞선 LCD기술과 각종 전자기기로 유명했지만 아날로그에서 디지털로의 변화에 대응하지 못하고 주력산업에서 철수를 결정하게 됩니다. 결국 이 기업들의 공통점은 경영활동이 실패했다는 것입니다. 직접적인 원인은 다양하지만 근본적으로 경영의 기본 기능에 충실하지 못했거나 경쟁환경의 변화에 대응하지 못해서 실패하게 된 것입니다.

그럼 이제 아래 기업들의 공통점은 무엇일까요?

GE(General Electrics)는 발명왕으로 유명한 에디슨이 설립한 기업으로서, 직원 수가 무려 33만 명에 달합니다. 이 기업은 전기, 에너지, 헬스케어 등 다양한 사업부를 가지고 있습니다. IBM(International Business Machines)은 1960−70년대 컴퓨터 시장을 선도한 기업입니다. 컴퓨터 시장의 주류가 메인프레임에서 PC로 바뀌면서 위기를 겪었지만 2000년대 들어 IT서비스 회사로 탈바꿈하면서 여전히 최정상의 위치를 지키고 있습니다. 벤츠(Benz)는 세계 최초로 내연기관 자동차를 개발한 칼 벤츠(K. Benz)의 이름을 딴 기업으로서, 그동안 수백 개 이상 존재하던 자동차 기업들이 오늘날 10개 이하로 줄어드는 가운데서 줄곧 업계 1위를 지켜왔습니다. 파나소닉(Panasonic)은 굴지의 종합 가전제품 회사로서 현재는 삼성전자와 LG전자에 밀려서 업계 1위를 내주고 말았지만, 배터리와 자동차용 전장에서 획기적인 성장을 거듭하여 여전히 최상위를 지키고 있는 장수기업입니다. 이 기업들은 100년이 넘는 시간 동안 수많은 경쟁자들의 도전과 환경의 변화에도 무너지지 않고 지속적인 혁신을 통해 오늘날까지 살아남았거나 여전히 1위를 지키고 있는 기업들입니다.

위기를 극복하지 못하고 망한 기업들과 오랜 시간 1위를 수성하고 있는 기업들의 차이는 우연에서 비롯된 것이 아닙니다. 우연이라고 부르기에는 상당한 시간이 지났고 급격한 환경변화가 있었으며, 수많은 경쟁자들이 도전장을 내밀었기 때문입니다. 경영은 바로 이 지점에서 차이를 만들어냅니다. 사업의 기본에 충실했을 뿐만 아니라 그 본질을 꿰뚫어 미래를 통찰한 기업들, 그리고 과거의 성공에 안주하지 않고 과감한 자기혁신으로 끊임없이 변화한 기업들이 오랜 시간 생존할 수 있었고 위대한 기업으로 존경받게 된 것입니다. 경영은 바로 이것을 가능하게 한다는 점에서 중요합니다.

오늘날의 경영활동은 결코 순조롭게 이뤄지지 않는데 이는 다음의 도전과제들 때문입니다. 첫 번째 도전과제는 급변하는 환경입니다. 경영환경이 과거에 비해 더 빠르게 변화하며 변동성이 더 큰 폭으로 증가하고 있습니다. 과거에는 기업이 환경을 분석하고 계획을 세워서 대응하는 것이 가능했다면, 오늘날에는 분석한 환경과 대응해야 할 환경의 간극이 벌어지면서 이 같은 점진적이며 계획적인 대응이 유효하지 않은 상황입니다. 두 번째 도전과제는 높은 경쟁강도입니다. 한 산업이나 시장 내에서 경쟁하던 과거와는 달리, 오늘날의 경쟁은 여러 산업들 간에 걸쳐서 일어나고 있습니다. 예를 들어, 과거의 커피산업은 같은 업종 내에서만 경쟁이 이뤄졌지만 오늘날에는 패스트푸드와 편의점도 커피를 취급함에 따라 경쟁강도가 훨씬 더 높아진 것입니다. 세 번째 도전과제는 사회수요의 다변화입니다. 사회가 발전하면서 각종 제도와 규제가 증가하였고, 소비자들의 수요도 복잡해졌습니다. 기업은 예전처럼 단순히 경영활동의 효율성만 추구하는 것이 아니라 사회의 요구를 적극적으로 반영하고 복잡해진 수요를 충족시켜야 합니다.

그렇다면 위와 같은 경영활동의 도전과제들에 대한 경영학의 역할은 무엇일까요? 경영학은 기본적으로 경영자들이 여러 당면문제들을 해결하는데 필요한 기술과 도구를 제공합니다. 예를 들어, 대표적인 전략분석도구인 SWOT은 기업이 속한 경영환경에서 비롯되는 기회와 위기, 그리고 기업이 내부적으로 보유한 강점과 약점을 한 눈에 파악할 수 있게 해줍니다. 그리고 그것을 토대로 위기를 기회로, 약점을 강점으로 전환할 수 있는 전략을 제시할 수 있게 해줍니다. 고객지향적 품질관리 방법론인 식스 시그마(Six Sigma)는 제조업에 종사하는 기업들이 불량률을 획기적으로 줄이고 생산성을 크게 높이는 성과를 거둘 수 있게 해줍니다. BSC(Balance Scored Card)는 기업들이 여러 중장기적 성과목표들을 동시에 관리할 수 있게 해줍니다. 경영학은 이 같은 경영기술과 도구뿐만 아니라 복잡한 경영현상들을 분석하여 본질을 파악하는데 필요한 통찰력을 제공합니다. '약한 연결의 강점(The Strength of Weak Ties)'[2] 논의로부터 우리는 강한 연결이 아닌 약한 연결로부터 개인과 집단, 그리고 조직의 혁신성이 강화될 수 있다는 통찰을 얻을 수 있습니다. '핵심역량의 덫(The Competency Trap)'[3] 논의는 과거 성공의 비결이었던 역량이 미래 실패의 원인이 될 수 있다는 통찰을 우리에게 제공합니다.

이처럼 경영학은 경영활동을 수행하는 개인, 집단, 조직이 해결하려는 당면문제에 필요한 기술과 도구를 제공할 뿐만 아니라, 고도의 분석력과 예측력을 요구하는 중장기적 과제를 해결하는데 필요한 통찰력을 제공합니다. 따라서 우리는 경영학을 학습함으로써 여러 경영기술들을 습득할 수 있으며 경영현상들을 정확하게 이해하는데 필요한 지식과 통찰력을 얻을 수 있을 것입니다. 하지만 과도하게 개념과 이론 중심으로만 경영학을 학습할 경우 경영현장과는 동떨어진 이해를 가질 위험이 있기 때문에, 이 책은 개념과 이론을 경영현장과 끊임없이 연결하는 방식으로 지식을 전달할 것입니다. 더불어 지식을 단순히 흡수하

---

2 Granovetter, M. S. (1973). The strength of weak ties. American Journal of Sociology, 78(6), 1360~1380.

3 Levitt, B., & March, J. G. (1988). Organizational learning. Annual Review of Sociology, 14(1), 319~338.

는 일방적 학습을 지양하는 대신, 그 지식에 의문을 제기하고 자신만의 관점을 발전시킬 수 있는 토의 주제들을 제시함으로써 독자들의 창조적인 학습을 지향할 것입니다.

한눈에 보는
경 영 학

차 례

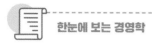

한눈에 보는
경 영 학

CHAPTER
01

경영학의 역사

CHAPTER
01

경영학의 역사

들어가며

　경영이 기업을 운영하는 방식이자, 수단이라면 경영학은 효과적으로 경영하는 방법을 찾는 학문입니다. 기업이 출현한 이래 경영학자들은 다양한 경영현상들을 반복적으로 관찰하며 분석하였고, 기업이 어떤 방식으로 경영활동을 수행할 때 효과적으로 경영성과를 달성하며 경쟁우위를 확보할 수 있는지를 연구해 왔습니다. 경영학은 기업들이 작업환경을 효율적으로 관리하여 생산성을 높이고, 구성원들을 효과적으로 동기부여하며, 체계적으로 조직을 관리하는 데 필요한 다양한 개념들과 이론들을 제시했습니다.

　경영학은 산업혁명이 성숙하고 대량생산체제가 등장한 19세기 말에서 20세기 초 사이에 학문적 기초가 형성되기 시작했습니다. 산업공학, 심리학, 사회학, 경제학 등 다양한 배경을 가진 학자들은 어떻게 하면 기업의 생산성을 개선하여 성과를 높일 수 있을 것인지에 초점을 두고 여러 가지 논의들을 제시하였습니다. 특히 경영학이 탄생하는 데 지대한 영향을 미친 학문은 경제사회학(Economic Sociology)이었습니다. 기본적으로 경제학은 개인의 행동을 설명하는 데 있어 경제적 동기를 강조합니다. 반면 사회학은 개인의 행동이 규범과 규율의 영향하에 있다고 봅니다. 하지만 이 같은 관점들을 현실세계에 그대로 적용하기는 어렵습니다. 실제로 개인이 경제적 이익과는 관계없는 행동을 하는 경우가 많고, 또 개인이 사회의 규범과 규율을 벗어난 일탈적 행동을 하는 경우도 많기 때문입니다. 경제학과 사회학의 전제는 학문적으로는 큰 문제가 없지만 그것을 개인과 집단, 그리고 기업에 적용하기에는 한계가 있었던 것입니다. 경제사회학은 이 같은 두 학문의 한계를 극복하는 보다 현실성 있는 이론을 제시하고자 하였고 이것이 경영학의 출발이었습니다. 경영학은 19세기 후반 등장한 고전경영이론(Classical Management Theory)을 시작으로 인

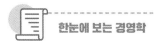

간관계이론(Human Relation Theory)과 행동과학이론(Behavioral Science Theory)의 3가지 패러다임을 중심으로 발전하였고, 시스템이론(System Theory)과 전략경영이론(Strategic Management)은 기존 경영 패러다임의 한계를 보완하면서 경영학의 발전에 기여했습니다.

1. 고전경영이론(Classical Management Theory)

19세기 미국에서는 남북전쟁 이후 급속한 공업화가 진행되었습니다. 산업 곳곳에서 분업화와 기계화가 이뤄지면서 미숙련 노동자의 과잉이 일어났습니다. 이는 기업들의 생산성을 획기적으로 개선하는 동시에 노사대립과 노동문제를 대두시키는 결과를 초래했습니다. 이때 등장한 프레드릭 테일러(F. Taylor)의 과학적 관리법(Scientific Management)은 과업환경을 개선하여 노동자의 생산성을 극대화하고자 했습니다. 먼저 테일러는 시간동작연구(Time and Motion Study)를 통해 작업을 여러 부분동작으로 분해하여 작업별 필요시간을 측정하고, 이를 토대로 표준작업시간을 설정하는 방안을 제시하였습니다. 이 표준작업시간을 기준으로 성과에 따른 차별적 임금을 제공함으로써 노동자들을 동기부여하여 생산성을 개선하고자 한 것입니다. 또한 테일러는 특정 과업에 적합한 노동자를 고용하고 훈련시키는 방법들을 제시하였으며, 군대식으로 운영되던 기존 기업조직을 기능중심의 조직으로 개편하여 효율성을 높이고자 하였습니다. 무엇보다 기능감독제(Functional Foremanship)의 도입은 노동자를 과업설계로부터 분리하고 효율적인 과업수행을 관리함으로써 기업들의 생산성을 크게 향상시키는 데 기여했습니다. 이후 헨리 포드(H. Ford)는 과학적 관리법을 보다 정교하게 발전시켰습니다. 포드는 제품의 표준화(Standardization), 부품의 단순화(Simplification), 공정의 전문화(Specialization)라는 3S시스템을 도입하여 과업수행의 효율성을 높이고 생산성을 극대화하였습니다. 포드의 3S시스템은 부품호환과 연속대량생산을 가능하게 하였을 뿐만 아니라, 제품에 대한 사후서비스를 가능하게 함으로써 제품에 대한 고객들의 만족도도 높일 수 있었습니다.

•

포드사의 3S시스템은 생산성을 극대화하여 자동차의 가격을 크게 낮추었습니다. 당시 미국의 자동차 가격은 2,000달러가 넘었기 때문에 상류층의 전유물로 여겨졌지만, 포드사는 모델T를 850달러에 판매하여 자동차를 대중화하는 데 기여했습니다.

•

당시 평균적인 노동시간은 하루 9시간이었으며 임금은 일당 2달러 수준에 불과했습니다. 하지만 포드사는 8시간 노동시간에 일당 5달러 임금을 지급하였고, 이는 '골드러시'에 비견되는 업계 최고 수준이었습니다. 포드사의 급여정책은 노동자들의 생활수준을 크게 끌어올려 중산층 형성에 기여했습니다.

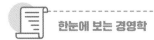

테일러리즘(Taylorism)과 포디즘(Fordism)은 모두 과학적 관리법에 근거하고 있으나, 전자는 저임금과 저비용을 통한 이윤극대화를 추구한 반면, 후자는 고임금과 저가격을 통한 공공윤리와 사회봉사를 추구했다는 점에서 차이가 있습니다. 또한 테일러리즘은 자본가와 노동자의 대립적 관계를 상정한 반면, 포디즘은 노동자의 복지를 강조했다는 점에서도 차이가 있습니다. 포드는 노동자들의 기본 급여수준을 크게 높였을 뿐만 아니라 성과에 따른 차별적 임금제를 대폭 강화하여 운영하였는데, 그 결과 많은 급여노동자들이 부를 축적할 수 있었으며 이는 현대 미국사회의 중산층 형성에도 기여하였다는 평가를 받고 있습니다.

하지만 고전경영이론은 몇 가지 문제가 있었습니다. 먼저 노동자들의 능률향상에만 초점을 맞춘 나머지 비인간성 문제를 일으킨 것입니다. 찰리 채플린(C. Chaplin)의 '모던 타임즈(Modern Times)'는 인간의 부속품화가 초래한 당시의 문제들을 잘 보여주고 있습니다. 효율성을 높이기 위해 고안된 컨베이어 벨트에 사람이 적응하다 못해 종속되는 모습이라든지, 쉬는 시간에도 끊임없이 감독자에 의해 감시받는 모습이라든지, 식사마저 효율성을 높이기 위해 기계에 의존하려는 모습이 바로 그것입니다. 다음으로 고전경영이론은 과도한 분업이 초래할 수 있는 비효율성을 설명해내지 못한다는 문제가 있습니다. 고전경영이론은 과업을 가능한 작은 단위로 쪼개어 단순반복적일수록 노동자의 효율성이 증가할 것이라고 보았지만, 실제로는 과업의 과도한 분업화가 효율성을 감소시키는 결과로 나타난 것입니다. 이는 과도한 분업화가 노동자들의 협력을 저해할 뿐만 아니라 단순반복적인 과업은 노동자들의 흥미와 만족도가 떨어지기 때문입니다. 즉 고전경영이론은 협업과 심리적인 요인의 중요성을 간과하였다는 문제가 있는 것입니다. 마지막으로 고전경영이론은 노사문제를 해결하지 못하였다는 문제가 있습니다. 포디즘의 경우 노동자의 복지를 강조하고 있음에도 불구하고, 이 관점 역시 노동자를 경영주체로 보기보다는 생산수단의 일부로 보았다는 점에서 테일러리즘과 동일한 한계를 갖는 것입니다. 노동자들에 대한 당시 경영자들의 태도는 훗날 노동조합의 결성을 촉진시켜 잦은 노사분규를 통한 경영위기를 초래하는 결과를 가져오게 됩니다.

•
찰리 채플린의 영화 '모던 타임즈(Modern Times)'는 기계화에 종속된 인간군상을 풍자하고 있습니다.

2. 인간관계이론(Human Relation Theory)

고전경영이론의 문제들이 나타나기 시작하면서 인간관계이론이 부각되기 시작했습니다. 에밀 뒤르켐(E. Durkheim)은 '사회분업론(Division of Labor in Society)'에서 기계적 사회와 유기적 사회를 구분하면서 개인의 이기심보다는 집단의식과 사회적 관계를 강조하였습니다.[4] 사회가 과업을 중심으로 한 기계적 연대로부터 개성적이고 이질적인 개인들의 유기적 연대로 발전해야 한다고 본 것입니다. 이러한 배경에서 인간관계이론이 새로운 경영 패러다임으로 자리 잡은 계기는 바로 호손(Hawthorne)실험이었습니다. 당초 호손실험은 고전경영이론의 관점에서 조명의 질과 양이 노동능률에 미치는 영향을 살펴보고자 한 연구였습니다. 가령 물리적 작업조건이나 방식을 개선하면 생산성이 증가할 것이고, 개별 인센티브를 도입하거나 노동시간을 단축하면 생산성이 증가할 것이라는 예측을 검증하고자 했습니다. 하지만 실험 결과는 예측과 달랐는데, 어떤 집단은 작업조건의 변화에 따라 생산성이

---

4 Durkheim, E. (1947). The Division of labor in society. Glencoe: Free Press.

호손공장에서 연구자들은 1924~1932년에 총 4차례의 실험을 실시했습니다. 예상대로라면 작업조건을 유지한 집단의 생산량은 이전과 같아야 하고, 작업조건을 바꾼 집단의 경우는 생산량의 차이가 그 조건에 따라 달라져야 했습니다. 하지만 두 집단 모두에서 생산량이 증가하는 결과가 나타났습니다. 이번에는 5명으로 구성된 남성집단과 여성집단을 분류한 다음, 두 집단의 작업조건을 변화시키며 생산성을 관찰하였습니다. 실험 결과 남성집단은 작업조건에 따라 생산성이 오르거나 내려갔지만, 여성집단은 작업조건에 관계없이 생산성이 향상되었습니다. 여성 실험자들과의 심도 있는 인터뷰를 수행한 후 연구자들은 여성 노동자들이 무작위로 선정되었음에도 불구하고 자신들이 관찰의 대상이라는 것을 의식하고 있다는 사실을 알아냈습니다. 즉 이 실험에서 여성집단의 생산성에 결정적으로 영향을 미친 요인은 작업조건이 아닌 선택받았다는 심리적 보상이었던 것입니다.

달라졌지만 어떤 집단은 작업조건에 관계없이 생산성이 증가한 것입니다. 보다 면밀한 관찰 끝에 연구자들은 실제 생산성 향상에는 노동자들의 사기, 감독방법, 인간관계와 같은 심리적 조건들이 의미 있는 영향을 미친다는 것을 깨달았습니다. 호손실험을 통해서 연구자들은 작업환경에 변화에 따라 노동자들의 생산성은 기계적으로 향상되거나 하락하지 않고, 노동자들의 행동은 그들의 감정이나 기분과 분리될 수 없으며, 노동자들의 기분이나 감정이 생산성에 큰 영향을 미친다는 것을 알게 되었습니다.

인간관계이론은 이후 개인의 감정과 동기부여의 중요성을 부각시키고 인적 자원의 관리와 개발에도 지대한 영향을 미쳤습니다. 하지만 인간관계이론도 몇 가지 한계가 있었습니다. 개인의 심리적 요인과 집단 내 비공식관계를 강조하다 보니 고전경영이론에서 강조했던 과업조건과 기술적 요인을 과소평가했다는 것 입니다. 또한 노동자들의 내적 요인에 주목하였음에도 불구하고 노동자를 여전 히 통제의 대상으로 간주하였다는 점에서 고전경영이론과 동일한 한계를 가지 고 있었습니다. 따라서 인간관계이론이 발전하면서 개인의 심리적 요인과 기술 적 요인 모두를 고려해야 하며 집단 내 공식적이며 비공식적인 관계들을 동시에 다뤄야 한다는 주장들이 증가하기 시작했고, 이는 행동과학이론의 발전으로 이 어지게 됩니다.

3. 행동과학이론(Behavioral Science Theory)

고전경영이론은 효율적인 과업환경을 설계하여 노동자의 생산성을 높이고자 했으며, 인간관계이론은 노동자의 심리적 만족감을 제고하여 생산성을 높이고자 했습니다. 앞선 두 경영 패러다임들과는 달리 행동과학이론은 생산성 개선보다 는 조직의 체계적인 운영에 초점을 맞춘 논의를 발전시켰으며, 개인과 조직 수 준에서 일어나는 경영현상을 통합적으로 이해하고자 했습니다. 헨리 파욜(H. Fayol)은 경영관리론에서 조직의 6가지 본질적 기능으로서 기술, 영업, 재무, 안 전, 회계, 관리를 제시하였습니다.[5] 또한 과업의 분업화, 권한과 책임, 규율과 규 칙 등 14가지 관리원칙들을 제시하였습니다. 체스터 버나드(C. Barnard)는 개인 과 조직 양자를 종합한 조직이론을 제시하였는데, 특히 조직을 인간의 공헌의욕 과 공통목적, 그리고 의사소통 체계로 구성된 존재로 정의하였습니다.[6] 즉 버나 드는 조직을 공통목적을 달성하기 위해 복수의 사람들의 구성된 행동체계로 본 것입니다. 한편 허버트 사이몬(H. Simon)은 개인의 의사결정을 제한된 합리성 (Bounded Rationality)으로 설명하였습니다.[7] 1950년대 주류 경제학에서는 개인이

---

5 Fayol, H. (1949). General and industrial management. London: Pitman.

6 Barnard, C. I. (1938) The functions of the executive. Cambridge: Harvard University Press.

7 Simon, H. A. (1972). Theories of bounded rationality. Decision and Organization, 1(1),

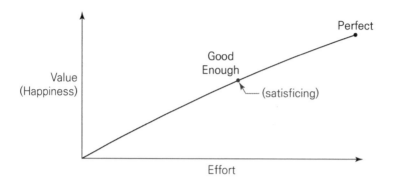

행동과학이론은 개인이 최대의 만족도를 달성하는 대안을 찾기보다는, 받아들일 수 있는 최소한의 만족도를 달성하는 대안을 채택할 것이라 주장합니다. 이는 또 다른 대안을 탐색하기 위해서는 추가적인 시간과 비용을 투입해야 하기 때문입니다. 만족화(Satisficing)는 만족(Satisfaction)과 희생(Sacrifice)의 합성어로서, 개인이 최소한의 만족감을 주는 대안을 채택하면서 잠재적인 대안을 포기하게 되는 것을 의미합니다.

합리성(Rationality)에 기초한 의사결정을 내릴 것이라 가정하였는데, 사이몬은 개인은 합리적이려고 하지만 인지능력의 한계로 인해 제한적으로만 합리적인 의사결정을 내리게 된다고 본 것입니다. 또한 경제학에서는 개인이 최대의 만족도를 달성하는 의사결정을 내린다고 보았지만, 사이몬은 개인이 대안을 탐색하는데 투입하는 비용이 존재하기 때문에, 개인은 어떤 대안이 최소한의 기준점을 넘어서면 잠재적인 대안이 존재함에도 이를 포기하고 그 대안을 채택하는 만족화(Satisficing)의 의사결정을 내린다고 보았습니다. 사이몬의 관점을 조직에 적용하여 리처드 사이어트(R. Cyert)와 제임스 마치(J. March)는 기업행동이론(A Behavioral Theory of the Firm)을 제시하였습니다.[8] 이들은 조직이 목표지향적인 존재로서, 과거의 행동에 대한 평가와 인식을 바탕으로 의사결정을 내리고 변화를 수행한다고 주장하였습니다. 또한 조직의 의사결정은 단일한 유기체와 같은 것이 아니라, 하부집단들 간의 갈등과 협상, 조정의 과정을 통해 이뤄진다고 설명하였습니다.

161~176.

8 Cyert, R. M., & March, J. G. (1963). A behavioral theory of the firm. Englewood Cliffs: Prentice Hall.

이처럼 행동과학이론의 경영학자들은 개인과 집단보다 상위의 조직 관점에서 기업의 의사결정 과정을 설명하는 데 집중하였으며, 이들의 논의는 현대 기업조직의 복잡한 의사결정 패턴을 이해하는 데 기여하고 있습니다. 하지만 이같은 기여에도 불구하고 행동과학이론은 조직을 폐쇄된 시스템으로만 이해하고 있다는 한계가 있습니다. 즉 조직을 둘러싸고 있는 환경의 영향을 고려하지 못한 것입니다. 행동과학이론의 이러한 한계는 이후 시스템이론(System Theory)의 발전을 유도하게 됩니다. 한편 행동과학이론은 조직현상에 대해서는 충실한 이해를 제공하고 있으나, 조직이 어떻게 경쟁환경에서 생존하고 성공할 수 있는지에 대한 이해를 제공하고 있지 않습니다. 행동과학이론의 이 같은 한계는 이후 전략경영이론(Strategic Management)이 발전하게 되는 계기가 됩니다.

4. 시스템이론(System Theory)

시스템이론은 기본적으로 전체개념(Wholism)을 강조하면서 상위시스템과 하위시스템이 유기적 구조를 맺는다고 봅니다. 상위시스템과 하위시스템은 각각의 목표를 가지고 있는데, 여기서 하위시스템의 목표는 상위시스템의 목표를 실현하는 수단의 의미를 가집니다. 각 시스템의 목표가 서로 연결되어 있기 때문에, 여러 시스템들의 상호작용에 의해 전체 시스템이 운영된다는 것입니다. 시스템이론의 구성요소는 투입물(Input)과 산출물(Output), 변환과정(Transformation Process), 그리고 피드백(Feedback)이 있습니다. 투입물은 변환과정을 통해 산출물이 되고, 산출물에 대한 피드백이 주어지면서 다시 투입물 단계로 돌아가게 됩니다. 즉 시스템의 구성요소들이 무질서하고 상호관련성이 없는 것이 아니라, 유기적으로 연결되어 상호작용하면서 각 시스템의 목표를 달성한다는 것입니다. 이 이론을 기업에 적용한다면, 원재료(투입물)가 생산활동(변환과정)을 통해 제품과 서비스(산출물)가 되고, 이는 시장의 반응을 통해 성과(피드백)로 나타납니다. 여기서 투입물인 원재료는 하위 시스템(공급자)의 산출물이 될 수 있으며, 기업의 산출물인 제품과 서비스는 상위 시스템(구매자)의 투입물이 될 수 있는 것입니다.

기업은 원재료, 인적자원과 같은 투입물(Input)의 변환과정(Transformation Process)을 통하여 제품과 서비스와 같은 산출물(Output)을 생산하게 됩니다. 이 산출물은 매출, 점유율과 같은 시장의 피드백 (Feedback)을 통하여 다시 투입물에 영향을 미치게 됩니다. 기업의 산출물은 다른 기업의 투입물이 될 수 있습니다. 이처럼 기업들의 생산시스템이 긴밀하게 연결되어 상호작용함으로써 각 생산시스템의 목표를 달성한다는 것이 시스템이론의 관점입니다.

상황적합성이론(Contingency Theory)은 시스템이론에 기반하여 제시된 대표적인 경영이론입니다. 상황적합성이론은 경영의 '모범사례(Best Practice)'는 존재하지 않으며 각 상황에 적합한 대책만이 존재한다고 봅니다. 즉 기업의 성과는 경영활동이 주어진 환경에 얼마나 적합한 것인지에 따라 달라진다는 것이 상황적합성이론의 핵심주장인 것입니다. 따라서 상황적합성이론의 관점에서 기업이 우선적으로 수행해야 할 작업은 경영환경의 속성을 파악하는 것입니다. 이 관점에서 폴 로렌스(P. Lawrence)와 제이 로시(J. Lorsch)는 환경의 특성에 따라 적합한 조직구조를 규명하였는데, 안정적인 환경에서는 기계적 조직구조가 성공할 가능성이 높으며, 변동성이 높은 환경에서는 유기적 조직구조가 성공할 가능성이 높다고 보았습니다.[9] 쉽게 말해 기술의 발전속도가 느리고 소비자의 선호도가 안정적인 산업에서는 규칙과 절차가 체계적인 관료적 기업이 효과적으로 경영활동을 수행할 수 있지만, 불확실성이 높고 소비자의 선호도가 불안정한 산업에서는 유연하고 속도가 빠른 스타트업과 벤처기업이 성공할 가능성이 높다는 것입니다.

시스템이론은 조직의 개방형 시스템을 강조하면서 환경요인의 중요성을 제시하였다는 점에서 경영학의 발전에 크게 기여하였지만, 체계적인 이론적 틀이 부족하다는 한계가 있습니다. 무엇이든지 환경과 상황에 따라 달라진다고 한다

---

9 Lawrence, P. R., & Lorsch, J. W. (1967). Differentiation and integration in complex organizations. Administrative Science Quarterly, 12(1), 1~47.

면, 환경의 잦은 변화에도 불구하고 큰 변화 없이 성공적으로 경영활동을 수행해나가는 기업들을 설명하기 어렵기 때문입니다.

5. 전략경영이론(Strategic Management)

20세기 중반까지는 전 세계적으로 수요가 공급을 초과하였기 때문에 기업이 제품을 만드는 대로 모두 팔리던 시기였습니다. 하지만 시장의 성장이 점차 둔화되고 보다 많은 기업들이 시장에 등장하면서 공급이 수요를 초과하기 시작하였고, 이는 제조능력과는 관계없이 많은 기업들의 실적이 악화되는 결과를 초래했습니다. 즉 더 이상 제품을 만드는 대로 다 팔 수 없게 된 것입니다. 이때부터 기업들은 어떻게 하면 자사의 제품을 경쟁자들에 비해 더 많이 팔 것인지를 고민하기 시작했습니다. 제품의 색상을 다양하게 만들거나, 가격을 획기적으로 낮추거나, 또는 고급화를 통하여 특정 소비자집단을 공략하는 등 여러 방식들을 고려하여 경쟁우위를 확보하려 한 것입니다. 1970년대 오일쇼크로 인한 위기 속에 기업들의 이 같은 고민을 더욱 심화되었고, 바로 이러한 배경 가운데서 전략경영이론이 탄생한 것입니다.

전략경영이론은 다른 경영이론과는 달리 경기상황에 대한 기업의 대처능력을 중시하며, 구체적인 기업의 행동을 강조하는 경향이 있습니다. 기존 경영이론들이 개인과 집단, 그리고 조직의 행동과 의사결정을 이해하는 데 초점을 둔 것과는 달리, 전략경영이론은 기업이 어떻게 경쟁자들을 물리치고 성과를 개선하며 시장점유율을 확대할 수 있는냐에 초점을 두고 구체적이며 실천적인 논의들을 제시해왔습니다. 대표적인 전략경영학자인 마이클 포터(M. Porter)는 산업조직론(Industrial Organization)의 관점을 적용하여 수익성이 높은 시장의 조건을 찾는 전략경영이론을 제시하였습니다. 흔히 5요인 모델(5-forces Model)이라 불리는 이 이론은 시장의 수익성에 영향을 미치는 5가지 요인들을 제시하고 있으며, 기업은 이 요인들을 고려하여 어떤 시장에 진출할지를 결정해야 한다는 시사점을 제공합니다.[10] 한편 자원기반이론(Resource-based Theory)은 지속가능한

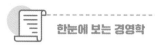

경쟁우위(Sustainable Competitive Advantage)를 확보하기 위해서는 가치가 있고 희
소하며 모방이 불가능하고 대체할 수 없는 자원을 확보해야 한다고 보았습니다.
이 외에도 핵심역량론(Core Competence)과 와해성 혁신론(Disruptive Innovation)
등 여러 영향력 있는 전략경영이론들이 제시되어 기업이 어떻게 경쟁우위를 확
보하여 성공을 거둘 수 있는지에 대한 체계적인 논의들이 발전하였습니다.

나가며

　지금까지 주요한 경영이론의 흐름을 살펴보았습니다. 각 경영이론은 시대의
요구와 필요에 대응하여 제시된 것이기 때문에 어떤 경영이론이 절대적으로 우
위에 있다고 볼 수는 없습니다. 또한 각 경영이론은 해당 시대에만 유효했던 것
이 아니라 오늘날의 경영현장에서도 여전히 적용될 수 있으며 현대 경영이론의
발전에도 영향을 미치고 있습니다. 고전경영이론은 인간공학(Human Engineering)
의 발전에 지대한 영향을 미치고 있으며, 인간관계이론은 인적자원관리(Human
Resource Management)의 형성과 발전에 지속적인 영향을 미치고 있습니다. 행동
과학이론은 조직현상에 대한 심오한 통찰력을 제공함으로써 현대 조직이론과
전략경영이론의 발전에 기여하고 있습니다. 결국 우리는 특정 경영이론을 신봉
하거나 배척하지 말고 상황과 필요에 따라 여러 이론들을 복합적으로 활용하여
당면과제를 극복하기 위해 노력해야 하는 것입니다. 경영이론은 책상 위 펜에
의해서만 만들어진 것이 아니라, 지난 100여 년간 무수한 기업들의 성공과 실패
를 경영학자들이 끊임없이 관찰하여 분석한 결과로 만들어진 것입니다. 우리는
이 경영이론을 활용하여 오늘의 문제를 극복하고 다가올 미래를 대비할 수 있을
것입니다.

---

10 Porter, M. (1980). Competitive strategy. New York: Free Press.

01 과도한 분업화로 인한 비효율성 문제를 해결하기 위한 방법에는 무엇이 있을까요?

02 호손실험의 결과를 적용하여 직원들의 생산성을 향상시킬 수 있는 방법에 대해 논의해봅시다.

03 직접 경험했던 만족화(Satisficing) 의사결정에 대해 이야기해봅시다.

04 기업이 경쟁사보다 더 많은 상품을 팔기 위한 방법에는 무엇이 있을까요? 가격인하와 차별화 외 다른 방법들을 논의해봅시다.

CHAPTER

02

경영환경

CHAPTER
02

경영환경

들어가며

아래 기업들의 공통점은 무엇일까요?

위 기업들은 환경의 변화를 버티지 못하고 침몰했다는 공통점이 있습니다. 기업의 흥망성쇠(興亡盛衰)에 환경의 영향이 얼마나 큰지는 'Fortune500'을 보면 잘 알 수 있습니다. Fortune500은 기업의 규모를 기준으로 순위를 매긴 것인데, 1955년에 이 Fortune500에 들어간 기업들 중 2010년에도 존재하는 기업은 단 65개에 불과했습니다. 55년 동안에 나머지 435개 기업들은 역사 속으로 사라진 것입니다. 주목할 것은 이 기업들이 전 세계에서 규모로 상위 500개 안에 들어간 기업들이라는 것입니다. 우리나라로 치면 삼성, 현대자동차, LG, SK, 한화 등과 같은 굴지의 기업들이 불과 60년도 안 되서 문을 닫게 된 것입니다. 동시에

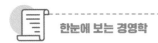

100년이 넘는 세월 동안에 여전히 일류 기업의 위치를 지키고 있는 기업들도 있습니다. GE, IBM, 등과 같은 기업들은 끊임없이 변화하는 환경에 적응하여 생존하였을 뿐만 아니라 일류 기업의 자리를 지키고 있습니다.

　기업의 경영활동에 영향을 미치는 환경적 요인에는 어떤 것들이 있을까요? 먼저 우리는 기술적 변화를 생각해볼 수 있습니다. 애플이 아이폰을 출시하면서 제시한 모바일 생태계는 기업들의 핵심 활동들을 오프라인에서 온라인으로 옮겨 놓았고, 모바일을 중심으로 한 새로운 비즈니스 모델들이 대거 등장하여 기본 비즈니스 모델들을 크게 위축시켰습니다. 또한 우리는 정치적 변화를 생각할 수 있습니다. 구소련의 붕괴, 중국의 시장경제 개방과 같은 정치적 변화는 전 세계 기업들에게 새로운 기회를 제공하였던 반면, 미국의 아프간 전쟁과 중동국가들의 분쟁은 세계경제를 크게 위축시킴으로써 기업들의 경영활동에도 부정적인 영향을 미쳤습니다. 마지막으로 경제적 변화는 직간접적으로 기업의 경영활동에 영향을 미치게 됩니다. 2008년 서브프라임 모기지 사태로 유발된 글로벌 금융위기는 여러 산업들에 영향을 미쳐 유동성이 부족한 기업들을 몰락시켰으며, 10년이 지난 현재까지도 다양한 측면에서 영향을 미치고 있습니다. 우리나라에서는 1997년 IMF 외환위기로 인해 많은 기업들이 부도를 맞이했으며, 경제적 자유화를 가속화한 결과로 오늘날 노사문제와 비정규직 문제가 심화되었습니다.

　이처럼 경영환경은 다양한 방식으로 기업의 경영활동에 영향을 미칠 수 있습니다. 다음 장에서는 경영환경을 좀 더 세밀하게 분류하여 각 요인이 기업에 어떤 영향을 미치는지를 설명하도록 하겠습니다.

1. 경영환경의 분류

　경영환경은 크게 작업환경과 일반환경으로 구분할 수 있습니다. 작업환경이란 기업의 경영활동에 직접적인 영향을 미치는 요소들로서 소비자, 공급자, 경쟁자 등이 있습니다. 보다 쉬운 표현으로는 직접환경이라고 부르기도 합니다. 일반환경은 모든 외부환경을 의미하는데, 여기에는 작업환경을 포함한 경제상태, 인구추이, 기술적·정치적 요인들이 해당됩니다. 일반환경은 간접환경이라 부르기도 하며, 경제적·정치적·사회적·기술적·국제적 요인들이 있습니다.

먼저 작업환경을 의미하는 직접환경은 내부 직접환경과 외부 직접환경으로 구분할 수 있습니다. 내부 직접환경은 기업 내부에서 경영활동에 직접적인 영향력을 행사하는 것을 말하는데, 주주와 노동조합이 대표적인 예입니다. 현대적 기업조직은 대부분 주식회사의 형태를 가지는데, 이로 인해 경영권과 오너십이 분리되는 구조를 가지게 됩니다. 하지만 전문경영자와 주주들 사이에서 발생하는 정보 비대칭성으로 인해 기업에서는 경영자의 도덕적 해이(Moral Hazard)와 주주들의 역선택(Adverse Selection)이 발생할 위험이 있습니다. 주주들이 경영자의 일상적인 경영활동을 모두 감시할 수 없기 때문에 경영자가 기업보다 자신의 이익을 우선시하는 기회주의적 행동을 할 가능성이 높은데, 대표적인 예로서 자신의 임기연장을 위해 기업의 장기적 이익보다는 단기적 이익을 추구하는 의사결정을 내리는 것입니다. 이것이 당장 기업의 이익을 높이기 때문에 주주들은 그러한 경영자의 경영권을 유지시킬 가능성이 높고, 이러한 역선택의 결과로 기업의 장기적 실패가 초래될 수 있다는 것입니다. 노동조합 역시 주주 못지않게 기업의 경영활동에 중대한 영향력을 행사합니다. 19세기까지만 해도 불법으로 간주되었던 노동조합은 20세기부터 합법화되었고, 산업별·업종별 다양한 노동조합들이 조직되면서 노사분규가 증가하기 시작했습니다. 노사분규는 노동자들의 권리 보장이라는 긍정적인 결과를 가져온 동시에, 기업의 생산성 악화라는 부정적인 결과를 가져오기도 했습니다. 오늘날 대부분의 기업들이 노동조합과의 상호합의하에 의사결정을 내리고 있으며, 노동조합의 쟁의는 막강한 권력을 발휘하여 기업들의 의사결정에 영향력을 행사하고 있습니다. 이처럼 노동조합은 기업의 중요한 의사결정에 영향을 미치는 대표적인 내부 직접환경이라고 볼 수 있습니다.

다음으로 외부 직접환경은 주로 기업과 관련된 외부의 이해집단을 의미합니다. 공급자, 소비자, 경쟁자는 대표적인 외부의 이해집단으로서 기업의 경영활동에 직접적인 영향을 미칩니다. 기업이 생산활동을 효과적으로 수행하기 위해서는 원재료를 안정적으로 확보하는 것이 중요합니다. 만약 원재료의 공급업체가

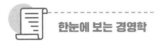

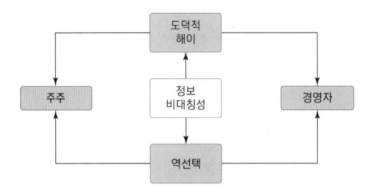

•

역선택이란 시장에서 거래를 할 때 경제주체 간 정보 비대칭으로 인하여 부족한 정보를 가지고 있는 쪽이 불리한 선택을 하게 되어 경제적 비효율이 발생하는 상황을 말합니다. 역선택의 대표적인 예는 중고차 시장입니다. 일반적인 중고차 구매자들은 개별 차량의 품질을 알기 어렵지만, 중고차 판매자들은 개별 차량의 품질을 정확하게 알고 있습니다. 즉 구매자와 판매자 간 정보비대칭이 존재한다고 볼 수 있는데, 이 상황에서 구매자들은 하자가 있는 중고차를 높은 가격에 구매하게 될 것을 우려해 평균 이상의 가격을 지불하려 하지 않습니다. 반대로 상태가 좋은 중고차를 보유한 판매자들은 평균보다 높은 가격에 중고차를 판매하고자 합니다. 이러한 상황이 지속되면 고품질의 중고차들은 시장에서 거래되지 않고, 품질이 떨어지는 중고차들만 시장에서 거래가 이루어져 시장 전체의 경제적 비효율이 발생하는 것입니다.

소수에 불과하거나 독점권을 가지고 있다면 기업의 경영활동은 공급업체의 영향을 크게 받을 가능성이 높습니다. 소비자는 기업이 생산하는 제품 또는 서비스를 구매함으로써 이익창출을 일으키기 때문에 중요합니다. 기업은 소비자 만족도를 높이고 자사 이미지를 제고하기 위하여 사후서비스를 제공하거나 제품 피드백을 적극적으로 반영한 개선품을 출시하는 등의 경영활동을 수행하게 됩니다. 경쟁자는 유사한 제품이나 서비스를 제공함으로써 같은 소비자 집단을 두고 경쟁을 벌이게 되는데, 만약 기업이 경쟁우위를 확보하는 데 실패할 경우 시장이 경쟁자들에게 잠식됨에 따라 수익이 줄어들어 기업이 문을 닫게 되는 부정적인 결과를 맞이할 수 있습니다. 따라서 기업은 지속적으로 경쟁자들을 모니터링하면서 경쟁우위를 확보하려 하거나, 필요에 따라 경쟁자와 협력하여 또 다른 경쟁자에 대응하는 등의 방법을 강구하게 됩니다. 언론, 지역사회, 정부도 외부의 중요한 이해집단에 해당됩니다. 신제품을 출시한 기업은 언론을 활용하여 적극적으로 홍보에 나설 수 있지만, 동시에 기업에서 발생한 부정적인 사건이 언론에 의해 확대되어 기업 이미지에 치명적인 결과를 야기할 수도 있습니다. 이 때문에 오늘날 대부분의 기업들은 언론과의 관계를 관리하기 위한 대외홍보팀을 설치하여 운영하고 있습니다. 또한 기업은 지역사회와도 밀접한 관계를 맺고 있는데, 이는 기업이 지역사회에 일자리를 제공하는 동시에 지역사회가 잠재적인 소비자 집단으로서 역할을 수행하기 때문입니다. 오늘날 많은 기업들이 일자리 창출, 인프라 제공 등과 같은 방식으로 지역사회에 기여하고 있으며, 이것이 지역사회에서의 기업 이미지를 제고함으로써 기업에 대한 더 강한 지지와 지원을 이끌어내고 있습니다. 마지막으로 중요한 외부 이해집단은 정부입니다. 정부는 각종 정책과 규제를 제정함으로써 기업의 경영활동에 영향을 미치게 됩니다. 특정 산업을 육성하는 정책은 해당 산업에 속한 기업들에게 긍정적인 영향을 미치지만, 특정 산업의 성장을 제약하는 규제는 기업의 경영활동에 심각한 위협으로 다가올 수 있습니다. 현대 기업들은 정부 로비를 위한 부서를 운영하거나 관료출신을 사외이사로 영입하는 등 다양한 방식으로 정부의 영향에 대응하고 있습니다.

간접환경은 기업 외부의 거시적 변화를 의미하는데, 이는 기업의 직접환경에도 영향을 미칠 뿐 아니라 기술, 경기, 작업관 등에도 광범위한 영향을 미칩니다. 크게 경제적·정치적·사회적·기술적·국제적 요인들이 있습니다. 먼저 경제적 요인으로는 국가 경제체제, 산업구조, 수출입 동향 등이 있습니다. 1991년 공산권이 붕괴하면서 오늘날 대부분의 국가들이 시장 자본주의를 채택하고 있지만, 중국과 같이 다소 복잡한 형태의 경제체제를 가진 국가들이 여전히 존재합니다. 특히 해외진출을 앞둔 기업에게 진출국의 경제체제는 중요한 고려대상이 됩니다. 해당 국가가 어떤 경제체제를 가지고 있느냐에 따라 기업의 진출 방식과 전략이 달라져야 하기 때문입니다. 또한 국가의 산업구조도 중요한데, 산업구조가 대기업 중심 또는 중소기업 중심인지에 따라 경쟁양상이 크게 달라지기 때문입니다. 수출입 동향은 기업이 경기를 예측하고 그에 대한 대응책을 세울 때 반드시 고려해야 할 요인입니다. 만약 경기가 악화될 것으로 예측된다면 기업은 긴축경영을 실시하겠지만, 경기가 호전될 것으로 예측된다면 기업은 확장 중심의 경영을 실시할 것입니다.

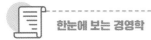

다음으로 사회문화적 요인에는 인구구조학적 변화, 사회가치관의 변화, 국가 간 문화차이 등이 있습니다. 오늘날 우리나라를 포함하여 선진국과 중진국에서 나타나고 있는 고령화 현상과 인구감소는 향후 기업의 경영활동에 지대한 영향을 미칠 가능성이 높습니다. 급속한 고령화는 실버산업을 성장시키고 특수한 의료산업을 성장시킬 수 있지만, 어린이들을 대상으로 하는 장난감산업이나 테마파크산업은 크게 위축시킬 것입니다. 기업들은 이런 변화에 대응하기 위해 주요 제품과 서비스의 타깃층을 중장년층에서 노년층으로 옮겨가게 될 것입니다. 사회가치관의 변화도 기업의 경영활동에 큰 영향을 미치고 있습니다. 우리나라의 경우 1980~1990년대 경제가 급격히 성장하면서 근로자들의 3D업종 기피현상이 나타났고, 이는 국내 제조업의 인건비를 전반적으로 상승시키는 동시에 많은 기업들의 해외 진출을 가속화시켰습니다. 또한 최근 들어 밀레니얼 세대(1980년대 초~2000년대 초 출생한 세대)를 받아들인 기업들은 내부적으로 기업문화가 크게 달라지고 있을 뿐만 아니라, 일하는 방식에서도 유의미한 변화가 나타나고

인구학자들은 출산율이 2.0대 이하로 떨어지게 되면 점진적으로 인구감소가 이뤄져 40년 뒤에는 인구절벽이 나타날 수 있다고 주장합니다. 우리나라의 경우 1983년부터 출산율이 2.0대 이하로 떨어졌는데, 그 감소폭이 너무 커서 40년이 채 지나지 않은 현재에 이미 인구절벽이 찾아왔다고 보는 관점이 있습니다. 이 추세가 계속된다면 우리나라 경제활동은 크게 위축될 뿐만 아니라 노동인구의 급감으로 기업들은 해외이전을 시도할 가능성이 높습니다.

있습니다. 마지막으로 국가 간 문화의 차이는 다국적 기업들이 수행하는 경영활동의 복잡성을 증가시키고 있습니다. 국가에 따라 선호하는 색상과 디자인이 다르기 때문에 다국적 기업들은 국가의 실정에 맞게 제품과 서비스의 형태를 변화시켜야 합니다. 같은 아시아 국가임에도 불구하고 립스틱 색상에 대한 한국 소비자들과 중국 소비자들의 선호도가 명확하게 다르며, 잘 팔리는 브랜드와 제품 라인업에도 큰 차이가 있습니다. 또한 근로자들이 일하는 방식에서도 유의미한 차이가 나타나는데, 가령 개인주의적 성향이 강하게 나타나는 서구권에서 개인 성과급제는 직원들의 성과와 만족도에 긍정적인 영향을 미치는 반면, 집단주의적 성향이 강하게 나타나는 우리나라에서는 개인성과급제가 오히려 조직의 사기를 저하시키고 직원들의 만족도를 떨어뜨린다는 연구결과가 보고되기도 했습니다. 이처럼 해외진출이 보편화되어 다국적 기업들이 증가하고 있는 상황에서 국가 간 문화차이는 매우 중요한 환경적 요인이라고 볼 수 있습니다.

간접환경의 세 번째 요인은 정치적 요인으로서 법적 규제와 제도 환경, 집권당 등이 있습니다. 정부는 다양한 방식으로 기업들의 경영활동에 영향을 미치지만 그 중 법적 규제는 기업들의 활동을 제약하는 가장 강력한 수단입니다. 정부는 자국의 산업을 외부로부터 보호하기 위하여 강력한 규제를 실시하기도 하며, 산업의 공정성을 제고하기 위하여 규제를 실시하기도 합니다. 역사적으로 우리나라 정부는 다양한 산업보호법과 법적 조치들을 통하여 외부로부터 국내 산업을 보호하고 성장시켜왔으며, 전략적으로 특정 산업을 일으키기 위하여 규제를 강화하거나 부분적으로 해제하는 등의 개입을 실행해왔습니다. 정부의 이 같은 법적 규제가 기업들의 경영활동에 결정적인 영향을 미치는 경우가 있기 때문에, 기업들은 고위관료 출신 임원을 임명하거나 여러 형태의 로비를 통하여 정부의 규제에 직간접적인 영향력을 행사하게 됩니다. 제도 환경은 좁게는 정부의 규제로 형성되는 법적·규범적 환경을 의미하지만, 넓게는 다양한 이해관계자들의 인식과 이해를 의미하기도 합니다. 제도 환경은 정부와 기업을 포함한 해당 산업과 관련되어 있는 모든 행위자들을 연루시키며, 이들의 복잡한 이해관계와 상호작용 패턴에 의해 형성됩니다. 어떤 제도 환경은 새로운 기업가들의 창업 활동을 긍정적으로 평가하며 이를 적극적으로 지원하며 장려하지만, 어떤 제도 환

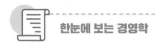

정권별 최저임금 변화
단위: 최저임금 원, 평균 인상률 %, 자료: 최저임금위원회

위 그래프는 우리나라 정권에 따른 최저임금 인상률의 변화폭을 보여주고 있습니다. 최저임금 인상률이 진보 정당 출신 대통령의 임기 때 증가한 반면 보수정당 출신 대통령의 임기 때 감소한 것을 확인할 수 있습니다. 최저임금 인상은 기업의 인건비 상승을 일으킨다는 점에서 경영활동에도 큰 영향을 미친다고 볼 수 있습니다.

경은 그 활동을 부정적으로 평가하여 새로운 기업가들의 출현을 억제하기도 합니다. 이러한 차이는 단순히 어떤 규제의 존재 유무에서 비롯되는 것이 아니라, 해당 제도 환경에 속한 행위자들이 창업활동을 어떻게 바라보고 평가하느냐에 대한 인식에서 비롯된다고 볼 수 있습니다. 즉 제도 환경은 법적이며 규제적인 방식뿐만 아니라 인식적인 차원에서 기업들의 경영활동에 지대한 영향을 미친다고 볼 수 있습니다. 마지막으로 집권당의 정치성향이 기업들에 큰 영향을 미칠 수 있습니다. 집권당의 성격이 성장을 추구하느냐 분배를 추구하느냐에 따라 기업들의 경영활동에 달라질 수 있는 것입니다. 특히 우리나라의 경우 어떤 정당이 집권하느냐에 따라 대기업들에게 적용하는 법인세율과 상속세가 달라지고 최저임금의 상승폭도 달라지기도 합니다. 이처럼 기업들에게 정부가 미치는 영향이 크기 때문에 그 부작용으로 정부와 기업 간의 유착관계가 드러나기도 하는 것입니다.

간접환경의 네 번째 요인은 기술환경의 변화입니다. 오늘날 정보통신기술의 발전은 다양한 산업에서의 획기적인 변화를 일으키고 있습니다. 예를 들어, 무선통신기술의 발전은 단순히 통신산업을 변화시키는 데에서 그치지 않고 다른

인공지능의 발달은 기업의 경영환경을 크게 바꿔놓을 것입니다. 직접적으로는 공장의 기계화로 일자리가 많이 사라질 것입니다. 간접적으로는 기업의 인재상이 바뀌게 될 것입니다. 문제를 해결하는 능력보다 문제를 규명하는 능력이 더 중요해질 것입니다. 또한 기업이 사업을 하는 방식도 바뀌게 될 것입니다. 예를 들어, 인공지능의 발달로 자율주행이 가능해지며 공유 자동차가 증가하게 되면 자동차에 대한 사유재산 개념이 사라지게 될 것입니다. 이는 현재 자동차 회사들이 차를 판매하는 방식으로 수익을 창출하는 형태에서 공유서비스를 제공하는 방식으로 수익을 창출하도록 변화시킬 것입니다. 이미 이러한 변화를 예상한 테슬라는 자동차에 내부 카메라를 설치하여 소유주가 자동차를 사용하지 않을 때 택시처럼 활용하여 수익을 올리는 비즈니스 모델을 제시하고 있습니다.

산업들의 사업방식을 크게 바꾸어 놓았습니다. 기업들은 위치기반 서비스를 강화하여 소비자들의 욕구와 만족도를 획기적으로 개선할 수 있으며, 내부 재고나 인력 현황을 실시간으로 파악할 수 있게 되었습니다. 또한 신소재기술의 발전은 건축, 화학, 기계 등 다양한 영역의 기술들과 결합되어 보다 가치 있는 신제품들이 개발되는 데 기여하고 있습니다. 최근의 유통기술 역시 획기적으로 발전하여 오프라인 중심의 기존 시장을 온라인 중심의 시장으로 전환시키고 있습니다. 바이오기술의 발전도 의료산업뿐만 아니라 제약, 식품, 에너지 등 다양한 산업에서의 새로운 기회를 증가시키고 있습니다. 이처럼 특정 산업의 기술발전은 그 산업뿐만 아니라 다른 산업들에 속한 기업들의 경영활동에도 직간접적인 영향을 미치게 됩니다.

간접환경의 마지막 요인은 국제환경입니다. 기업들이 활동하는 경영환경은 지역별·국가별로 국지화되어 있지 않고 국제적으로 긴밀하게 연결되어 있기 때문에, 국제적 요인들이 경영활동에 미치는 영향이 매우 큽니다. 국제정치는 전통적으로 기업들에게 영향을 미쳐온 국제환경인데, 가령 중동의 정치적 불안이 유가를 폭등시켜 원유를 원재료로 삼는 기업들의 생산활동을 크게 어렵게 만들 수 있습니다. 2017년에는 사드배치를 둘러싼 우리나라와 중국 간의 정치적 갈등으로 인해서 중국시장에서 활동 중인 우리나라 기업들의 경영성과가 매우 악화되기도 했습니다. 국제표준이나 국제법도 기업들의 활동에 기회를 제공하거나 제약조건을 가하는 중요한 국제적 요인입니다. 특히 여러 국가들에서 활동 중인 다국적 기업들에게는 이 같은 요인들의 영향력이 매우 크기 때문에, 이 기업들은 다양한 국제표준과 국제법을 해석하고 대응하는 전담부서를 설치하여 운영하기도 합니다. 세계경기도 기업들의 경영활동에 큰 영향을 미칩니다. 2008년 미국의 서브프라임 모기지 사태에서 시작된 글로벌 금융위기는 전 세계 경기침체를 일으켰는데, 이는 당시 우리나라 기업들의 유동성 위기와 수출실적 악화라는 부정적인 결과를 초래하기도 했습니다. 이처럼 전 세계가 긴밀하게 연결되어 있는 오늘날 국제환경은 기업들의 활동과 성과에 유의미한 영향을 미치는 간접환경입니다.

2. 경영환경의 관리

기업은 주어진 경영환경에 적응하기 위해 부단히 노력하는 동시에 능동적으로 대응함으로써 경영환경을 관리하려 합니다. 먼저 기업은 직접환경을 통제할 수 있습니다. 기업의 경영활동에 직접적인 영향을 미칠 수 있는 환경적 요인들을 파악한 다음, 이를 정기적이며 확정된 방식으로 통제하려 하는 것입니다. 여기에는 홍보활동(Public Relation), 경계활동(Boundary Spanning), 제휴(Alliance), 합작투자(Joint Venture), 인수합병(M&A)과 같은 5가지 방식이 있습니다. 홍보활동은 기업이 언론사와의 직접적인 관계를 맺음으로써 외부환경을 통제하려 하는 것입니다. 예를 들어, 신제품 출시행사에 언론사를 공식적으로 초대하여 홍보기사를 작성하게 하거나, 기업의 이미지에 부정적인 영향을 미칠 수 있는 사

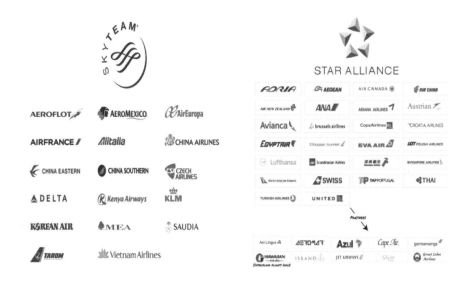

•
SkyTeam과 Star Alliance로 구분되는 항공사들의 네트워크는 전략적 제휴의 단적인 예입니다. 개별 항공사가 전 세계의 모든 노선들을 직접 확보할 수는 없기 때문에, 항공사들은 전략적 제휴를 통해서 노선의 유연성을 확보하여 고객욕구를 충족시키고 있습니다.

건이 발생하면 그 사건에 대한 해명보도를 내는 등 기업은 다양한 형태의 홍보활동을 통하여 외부환경을 관리할 수 있습니다. 다음으로 기업은 경계활동을 통하여 외부환경을 파악할 수 있는데, 대표적인 활동으로 소비자 조사가 있습니다. 기업의 마케팅부서는 설문조사나 고객피드백을 통하여 제품과 서비스에 대한 시장반응을 파악하고 분석할 수 있습니다. 연구개발부서도 외부의 특허나 기술권리 등에 대한 조사를 통하여 외부환경에 대한 지식과 노하우를 축적할 수 있습니다. 제휴는 주로 기업의 전략적 활동으로 이뤄지는데, 공급자와의 배타적 거래관계를 설정하여 공급망을 안정화하거나, 동종업계의 다른 기업들로 구성된 컨소시엄(Consortium)을 형성하여 경쟁자에 공동대응하는 등 어떤 전략적 목표를 달성하기 위해 선택됩니다. 합작투자는 제휴보다 더 강화된 협력관계로서, 기업들은 주로 신기술을 개발할 때 이러한 형태를 선호하는 경향이 있습니다. 대표적인 예로서 소니와 샤프의 디스플레이 개발, 캠벨 스와이어(Campbell Swire)의 중국 시장용 토마토캔 개발, 비야디(BYD)와 벤츠의 전기차 개발이 있습니다. 마지막으로 인수합병은 한 기업이 다른 기업의 지분을 부분적으로 또는 완전히 인수함으로써 내부화하는 것을 말합니다. 기업은 공급망이나 유통망을 안정화하거나, 기술력을 확보하거나, 사업 포트폴리오를 다각화하거나, 신시장의 인프라를 확보하는 등 다양한 이유로 인수합병을 선택합니다.

직접환경과는 달리 간접환경은 기업이 확정된 방식으로 통제하기 어렵습니다. 변화의 방향이 불확실하며 그 형태를 예측하는 것도 불가능하기 때문입니다. 따라서 기업은 간접환경의 변화추이를 관찰하여 미래의 변화양상을 예측하려 합니다. 즉 다양한 정보를 수집하여 미래 환경변화를 예측하고 구체적인 계획을 수립하여 대응하는 것입니다. 크게 완충(Buffering), 평탄(Smoothing), 할당(Rationing)의 3가지 형태가 있습니다. 먼저 완충은 외부충격으로부터 기업의 경영활동을 보호하기 위해 완충제를 확보하는 것입니다. 대표적인 완충제로는 여유자원(Slack Resource)이 있습니다. 기업이 현금성 자산을 충분히 보유하거나, 다량의 재고를 확보하고 있으면 여러 변동상황에 효과적으로 대응할 수 있는 것입니다. 하지만 어떤 형태든 여유자원을 많이 보유하고 있다는 것은 비효율성의 증가를 의미하기도 합니다. 재고의 부식, 제품의 진부화 등 재고비용이 증가하는 부정적인 결과가 나타날 수 있습니다. 또한 여유자원을 과도하게 많이 보유하게 되면 이것이 여러 프로젝트들에 대한 중복투자 가능성을 높이거나 구성원들의 자만심을 초래하여 장기적으로는 기업의 도전정신과 혁신성을 떨어뜨릴 수도 있다는 관점도 있습니다.[11] 다음으로 평탄은 외부환경에서 주어지는 충격을 완만하게 만드는 것을 말합니다. 완충이 외부환경의 변동을 수용하는 것이라면 평탄은 그 변동의 충격을 완화하는 것입니다. 대표적인 예로서 선물, 옵션 등이 있습니다. 어떤 자산을 정해진 가치에 매수하거나 매도할 수 있는 권리를 미리 사두면, 이후 어떤 변동이 발생하더라도 그 충격을 말 그대로 평탄화할 수 있는 것입니다. 마지막으로 할당은 수요가 높은 제품이나 서비스에 대한 제한적 접근을 허용하는 방식입니다. 내부적으로는 가치가 높은 자산에 대한 구성원들의 이용가능성을 상황에 따라 제한적으로만 허용할 수 있습니다. 할당은 간접환

---

11 Singh, J. V. (1986), Performance, slack, and risk taking in organizational decision making. Academy of Management Journal, 29(3), 562~585.

경의 변화에 효과적인 대응방식이지만 소비자들의 이탈가능성이 높고 구성원들의 불만족을 일으킬 수 있다는 점에서는 한계가 있습니다.

나가며

지금까지 기업의 경영환경은 어떻게 분류할 수 있으며, 기업이 경영환경에 대응하기 위해서는 어떤 방식들이 있는지 살펴보았습니다. 하지만 기업이 주어진 경영환경에 수동적으로 대응하는 것만은 아닙니다. 어떤 기업들은 경영환경에 능동적으로 대응할 뿐만 아니라 새로운 경영환경으로 변화시키기도 합니다. 애플과 테슬라는 경영환경을 창조적으로 변화시킨 대표적인 기업입니다. 애플이 처음 아이폰을 출시한 2007년의 모바일 시장은 노키아, 모토로라, 삼성전자 등과 같은 강자들이 건재한 레드오션이었습니다. 하지만 애플이 제시한 모바일 생태계는 모바일 시장뿐만 아니라 관련 산업들의 가치사슬을 완전히 변화시켰고, 그 결과로 애플은 모바일 시장의 중심에 설 수 있었습니다. 테슬라는 배터리 기술과 자율주행 기술을 앞세운 전기자동차를 출시하여 전통적인 강자들이 즐비한 자동차 시장에 충격을 주었으며, 현재는 전기자동차의 선두주자로 자리매김하며 자동차산업을 주도하고 있습니다. 애플과 테슬라는 주어진 경영환경에 최적화하기보다는 미래비전을 앞세워 새로운 가치를 창출하는 비즈니스를 선택함으로써 경영환경의 질적인 변화를 선도했다는 점에서 공통점이 있습니다. 이처럼 일개 기업이 시장과 산업을 능동적으로 변화시켜나가는 현상은 오늘날 IT기업들이 부상하면서 더 빈번하게 나타나고 있습니다. 이 현상은 경영학적으로는 '구현화(Enactment)'라고 부릅니다. 구현화란 어떤 자극이나 행동이 환경변화를 이끌어낸다는 의미로, 1980년대 후반 칼 와익(K. E. Weick) 교수에 의해 제시된 개념입니다.[12] 기업이 구현화를 하기 위해서는 주어진 환경을 분석하고 적응하는 것보다 새로운 의미를 구성하고 부여하는 것이 더 중요합니다. 사전에 파악

---

12 Weick, K. E. (1988). Enacted sensemaking in crisis situation. Journal of Management Studies, 25(4), 305~317.

한 환경과 실제로 대응하려는 환경 간에 격차가 발생하기 때문에, 전통적인 방식으로 환경에 맞춰 대응하는 것은 효과적이지 않다는 것입니다. 특히 변동성과 불확실성이 높아지고 있는 오늘날의 경영환경에서는 그 격차가 더욱 벌어질 수 있기 때문에 선제적 행동을 먼저 취한 다음 확보한 피드백을 해석하고 의미부여 하는 것의 중요성이 더욱 높다고 볼 수 있습니다.

토의

01 과거에는 모두 성공적인 기업들이었지만, 현재까지도 일류의 자리를 지키는 기업들과 도중에 실패한 기업들의 결정적인 차이점은 무엇이라 생각합니까?

02 기업이 보유한 자원은 한정되어 있기 때문에 경영환경의 여러 요인들을 모두 고려하여 의사결정을 내리는 것은 불가능합니다. 경영자 입장에서 가장 중요시해야 할 경영환경의 요인은 무엇이라 생각합니까?

03 기업이 직접환경을 통제하기 위한 5가지 방법 중 특정 방법을 선택하는 이유가 무엇인지 논의해봅시다. 가령 외부환경을 통제하기 위해 어떤 기업은 제휴를 선택하는 반면 어떤 기업은 인수합병을 선택하는 이유는 무엇일까요?

04 애플과 테슬라처럼 기업이 경영환경을 변화시키기 위해서 반드시 확보해야 할 자원은 무엇일까요?

한눈에 보는
경 영 학

경영전략

CHAPTER

03 경영전략

들어가며

　세계사에 손꼽히는 명장들이 있지만, 서양과 동양의 대표적인 명장을 꼽자면 나폴레옹과 이순신 장군을 들 수 있습니다. 나폴레옹은 영국을 제외한 근대 유럽을 거의 통일할 뻔 했는데, 그의 전적은 80전 75승이었습니다. 나폴레옹 군대가 수없이 승리할 수 있었던 첫 번째 이유는 압도적인 기동력으로, 당시 프랑스 기병의 이동거리는 세계최고였다고 합니다. 기동력에서 오는 장점으로 인해 적군이 예측하는 이동거리를 넘어서는 작전이 가능했던 것입니다. 두 번째 이유는 전투를 치르는 장소로서, 나폴레옹은 늘 이기는 데 유리한 고지를 선택하여 전투를 벌였다고 합니다. 물론 단순히 유리한 고지만을 선택하는 것이 아니라 그 고지에서 승리할 수 있는 기본적인 전투능력을 갖춘 것입니다. 이순신 장군의

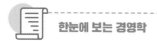

전적은 23전 23승으로 세계전쟁사에 유례가 없는 수준입니다. 이순신 장군은 바다의 지리적 특성을 잘 활용해서 전투에서 승리를 거뒀다고 알려져 있습니다. 또한 당시 왜군 함대의 약점을 잘 파악하는 동시에 상대적으로 크기가 큰 판옥선의 이점과 화약의 이점을 잘 살려서 불리한 전투를 승리로 이끌었습니다.

이 두 영웅들은 어떻게 거의 모든 전투에서 승리를 거둘 수 있었을까요? 나폴레옹은 거의 모든 유럽국가들을 상대로 승리를 거두었고, 이순신 장군은 수십 배가 넘는 군사력의 불리함을 극복하고 승리를 거두었습니다. 단순히 행운이 따라서 전투에서 승리했다고 보기에는 무리가 있습니다. 이들이 가지고 있던 군사적 능력도 탁월했지만, 무엇보다도 전투에서 승리하기 위해 이들이 택한 전략이 효과적이었다는 것입니다.

1. 전략이란 무엇인가?

전략(Strategy)이란 '적을 속이는 술책(Strategia)'이란 의미의 그리스어에서 유래된 말입니다. 그 자체가 군사적 용어에서 비롯된 것으로서, 쉽게 말해 전략이란 경쟁자를 이기는 방법이라고 할 수 있습니다. 기업경영에서도 전략은 매우 중요한데 이는 전략이 기업의 명운을 결정하기 때문입니다. 20세기 초반까지만 해도 기업에게 전략은 필요하지 않았습니다. 전 세계적으로 수요보다 공급이 압도적으로 많아서 제품을 만들면 모두 팔렸기 때문입니다. 그런데 공급이 점점 증가하고 소비자들의 욕구가 다변화되면서 그냥 만들기만 하면 다 팔려나갔던 제품들이 창고에 무수히 쌓이기 시작했습니다. 이때부터 기업들은 '어떻게 하면 제품을 다 팔 수 있을까?', '어떻게 하면 경쟁자들보다 제품을 더 많이 팔 수 있을까?'를 고민했습니다. 기업의 경영전략을 이렇게 발전했습니다.

기업의 경영활동을 다음 그림과 같이 집으로 표현한다면, 여기서 경영전략이 갖는 역할은 지붕과도 같습니다. 기업이 제대로 운영되기 위해서는 자원, 지식, 기술, 역량이 뒷받침되어야 하고, 이것을 토대로 경영기능들이 기둥 역할을 수행합니다. 회계는 기업의 자금흐름을 관리해야 하고, 생산은 제품을 만들어야

전략

| 회계
관리 | 생산
관리 | 인사
관리 | 마케팅 | 연구
개발 | 재무
관리 |

지원, 지식, 기술, 역량

하며, 인사관리는 직원을 선발하고 훈련해야 합니다. 또한 마케팅은 기업의 제품을 기획하고 홍보해야 하며, 연구개발은 신제품을 개발하고, 재무는 기업의 자본을 관리해야 합니다. 하지만 이런 경영기능들이 따로 이뤄지면 안 되고 하나의 방향성을 가져야 하는데, 바로 이 역할을 수행하는 것이 경영전략입니다. 경영전략은 하위 경영기능들의 우선순위를 정해주는 것입니다. 기업은 모든 경영기능들을 잘 수행해야 하지만, 전략적으로 목표를 달성하기 위하여 특정 경영기능에 힘을 실어서 경영활동을 효율적으로 수행하는 것입니다.

만약 경영전략이 없다면 기업의 우선순위가 정해지지 않기 때문에 각 경영기능은 자신의 역할이 가장 중요하다고 주장하게 될 것입니다. 예를 들어, 마케팅은 고객들의 다변화된 욕구를 충족하기 위해 새로운 색상과 향을 첨가한 신제품을 기획하는데, 이렇게 되면 생산공정의 프로세스가 복잡해져서 불량률이 높아질 수 있기 때문에 생산관리는 마케팅의 그러한 결정에 반대할 가능성이 높습니다. 애초에 마케팅의 목표가 시장점유율 확대와 매출증가라면 생산관리의 목표는 불량률 최소화, 신속한 생산이기 때문에 이 두 경영기능들은 갈등을 빚을 수밖에 없는 것입니다. 경영전략은 이 상황에서 기업의 우선순위를 정해줌으로써 하위 경영기능들 사이에서 발생할 수 있는 불필요한 갈등을 최소화하여 경영효율성을 높이는 것입니다. 특정 부서에 힘을 실어주거나 핵심성과지표(KPI: Key Performance Index)에 공통항목을 만들어주는 방식으로 말입니다.

2. 경영전략의 수립절차

경영전략을 수립하기 위해서는 기업의 비전과 사명의 수립이 선행되어야 합니다. 비전과 사명에는 기업의 존재 이유와 목적이 반영되어야 하며, 기업이 어떤 가치를 창출할 것인지에 대한 도전정신이 반영되어야 합니다. 그럼으로써 기업의 경영전략이 단기적 수익창출에서 그치는 것이 아니라 중장기적인 관점에서 기업의 가치를 높이는 방향으로 이끌어갈 수 있는 것입니다. 비전과 사명을 수립한 다음에는 외부환경에 대한 분석과 내부역량에 대한 분석이 수행되어야 합니다. 기업의 외부에 존재하는 기회요인과 위기요인이 무엇이며 기업이 내부적으로 보유한 강점과 약점은 무엇인지를 파악하여, 이를 토대로 현실성 있으면서도 도전적인 경영목표를 수립하는 것입니다. 그리고 그 목표를 성취하기 위한 전략을 수립해야 합니다. 여기서 전략은 기업전략(Corporate Strategy)과 사업전략(Business Strategy), 그리고 기능전략(Functional Strategy)을 포함합니다. 여기까지를 전략형성(Strategy Formulation)단계라고 부릅니다.

이후부터는 전략실행(Strategy Implementation)단계에 들어가게 됩니다. 경영진이 주도적으로 수립한 경영전략을 실행하기 위해서 중간관리자와 일선관리자를 포함한 사내 모든 구성원들에게 경영목표가 공유되어야 하며, 각 부서는 경영목표를 달성하기 위한 세부적인 전략과 방법을 고안하여 의사결정을 내리게 됩니다. 이 과정에서 당초 수립된 경영목표와 전략이 제대로 실행되고 있는지 경영진이 지속적으로 모니터링하고 피드백을 제공하는 것이 중요합니다. 또한 구성원들이 효과적으로 전략을 실행할 수 있도록 내부 자원과 정보를 기꺼이 제공해야만 합니다. 오늘날에는 많은 기업들이 전략형성단계보다 전략실행단계가 더 중요하다는 것을 인식하고, 전략을 실행하는 과정에서 나타나는 여러 문제점들을 해결하는 데 초점을 맞추고 있습니다.

이렇게 경영전략이 실행되고 나면 기업은 전략평가(Strategy Evaluation)를 수행하게 됩니다. 당초 수립한 경영전략이 제대로 실행되었는지, 실행되었다면 그 성과는 어떠했는지 평가하는 것입니다. 이 과정은 내부적으로 흩어진 정보와 피드백을 취합해야 하기 때문에 상당한 노력과 관심을 요구하게 됩니다. 기업이

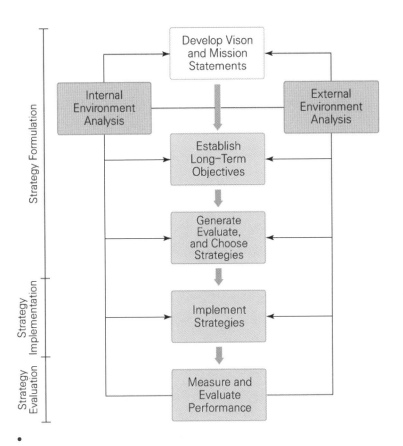

기업의 전략수립 절차는 크게 전략형성(Strategy Formulation)단계와 전략실행(Strategy Implementation)단계로 구분되며, 최종적으로는 전략평가(Strategy Evaluation)단계를 통하여 그 결과를 다음 전략수립에 반영하게 됩니다.

수립하여 실행한 경영전략의 효과성을 제대로 평가하기 위해서는 특정 부서만의 노력이 아닌 전사적 차원의 노력이 투입되어야 하며, 경영진이 강한 의지를 가지고 전략평가를 위한 활동들을 지원해야 합니다. 전략평가단계가 완료되면 기업은 평가결과와 피드백을 구성원들과 공유하고, 이를 차후 전략수립 단계에 반영하게 됩니다.

3. 전략의 수립단위

기업은 3가지 단위의 경영전략을 수립하게 됩니다. 먼저 기업전략(Corporate Strategy)은 최상위 경영전략으로 기업 전체의 방향을 결정합니다. 즉 어떤 사업에 참여하고 어떤 기술을 사용할지를 결정하게 됩니다. 예를 들어, 자동차 회사는 전기차 시장에 언제 진출할지를 결정하는 기업전략을 수립해야 하며, 대형유통사는 수요가 감소한 오프라인 마켓을 축소하고 온라인 마켓을 강화하는 기업전략을 수립할 수 있습니다.

다음으로 사업전략(Business Strategy)은 기업 내 특정사업에 대한 경영전략으로서 전략사업단위(SBU: Strategic Business Unit)가 주체가 되어 개별적인 경영전략을 수립하는 것입니다. 자동차 회사는 전기차 시장에서 어떤 경쟁우위를 확보해야 경쟁자들보다 앞서나갈 수 있을지를 결정하는 사업전략을 수립해야 하며, 대형유통사는 온라인 마켓에서의 경쟁력을 강화하기 위한 사업전략을 수립해야 할 것입니다.

마지막으로 기능전략(Functional Strategy)은 내부자원의 배분과 기능분야의 활동을 조정하는 것으로서 보다 구체적이며 특수한 전략계획을 수립하는 것입니다. 앞서 수립된 기업전략과 사업전략을 각 기능부서가 어떻게 지원할 수 있는지에 대한 구체적이며 실질적인 계획을 수립하는 것입니다. 전기차 시장의 선도기업이 되기 위해서는 어떤 인재를 영입해야 하는지, 어떤 설비가 필요하여 생산시설은 어디에 지어야 하는지 등을 결정해야 하는 것입니다.

이처럼 기업전략과 사업전략, 그리고 기능전략은 긴밀하게 연결되어 있기 때문에, 하위단위의 전략이 제대로 수립되기 위해서는 상위단위의 전략이 우선적으로 수립되어야 한다는 것을 알 수 있습니다. 특히 최상위단위의 경영전략인 기업전략이 제대로 수립되는 것이 중요합니다. 기업전략은 단순히 현재 진행 중인 사업들에 대한 것이 아니라, 기업이 미래 어떤 새로운 사업분야로 진출해야 하며 어떤 사업분야에서 철수를 해야 하는지를 다루는 것이기 때문입니다. 만약 경영진이 미래에 대한 통찰력과 비전이 부재한 기업전략을 수립한다면, 이는 그 하위단위의 사업전략과 기능전략에도 영향을 미쳐 기업의 미래를 어둡게 만들 가능

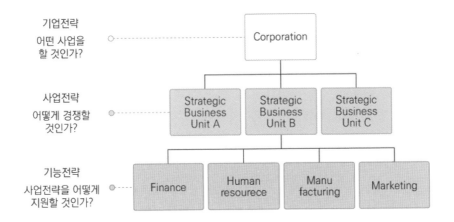

전략의 수립단위는 기업전략, 사업전략, 기능전략으로 구분됩니다. 기업전략은 최고경영진이 중장기적 관점에서 수립하는 전사전략을 의미합니다. 사업전략은 주로 사업부의 의사결정자가 수립하며 해당 사업분야에서의 경쟁우위 확보에 초점을 맞춥니다. 기능전략은 특정 경영기능 부서의 책임자가 수립하며 상위 경영전략의 목표달성을 위한 구체적인 지원계획 등을 다루게 됩니다.

성을 높습니다. 다음 장에서는 기업전략과 사업전략을 세부적으로 알아보겠습니다. 기능전략은 각 경영기능에 대해 알아볼 때 설명하도록 하겠습니다.

4. 기업전략의 유형

앞서 살펴본 최상위 경영전략인 기업전략에도 여러 유형이 있습니다. 크게 공격형 전략과 방어형 전략으로 구분할 수 있는데, 전자에는 집중화 전략(Concentration)과 수직적 통합전략(Vertical Integration)이, 후자에는 긴축·우회전략(Retrenchment), 영업양도전략(Divestiture), 청산전략(Liquidation), 수확전략(Harvesting), 현장유지전략(Status-quo)이 있습니다.

먼저 집중화 전략은 신제품과 신시장 여부의 두 요인들에 따라 크게 4가지 세부전략으로 구분됩니다. '집중화'라는 말 그대로 특정 제품과 특정 시장에 집중하는 전략을 수립하는 것입니다. 시장침투전략(Market Penetration)은 기업이 기존 제품을 가지고 기존 시장을 공략할 때 수립하는 전략입니다. 이때 기업은 시장점유율 확대를 경영목표로 설정하고 이를 달성하기 위해 제품의 마케팅 측면을 강화하게 됩니다. 다음으로 시장개발전략(Market Development)은 기존 제품으로 신시장에 진출할 때 수립하는 전략으로서, 신시장의 잠재적 수요를 이끌어내고 형성하는 것을 목표로 설정하게 됩니다. 이를 위해서 기업은 제품홍보를 강화하는 동시에 제품을 신시장에 맞게 현지화하기 위한 연구개발도 수행해야 합니다. 한편 기업이 신제품을 기존 시장에 도입하기 위해서는 제품개발전략(Product Development)을 수립해야 하는데, 이때 기존 제품군과의 간섭효과를 최소화하는 체계적인 신제품개발 프로세스를 수립하는 것이 중요합니다. 마지막으로 기업이 신제품을 신시장에 도입하는 경우에는 수평통합전략(Horizontal Integration)을 고려할 수 있는데, 시장과 제품에 대한 지식과 정보가 모두 부족하기 때문에 기업은 신시장에서 제품을 공급하고 있는 다른 기업을 인수하는 방식을 채택할 수 있습니다.

또 다른 공격형 전략인 수직적 통합전략은 기업의 가치사슬(Value Chain)에 변화를 준다는 점에서 수평적 통합과는 명확하게 구분됩니다. 여기서 가치사슬이란 기업이 가치를 창출하기 위한 내부 프로세스를 의미합니다. 가령 원재료를 수입하여 제품으로 가공하여 판매하는 기업이 있다고 한다면, 이 기업의 가치는 '원재료 가공'이라는 단계에서 창출된다고 볼 수 있습니다. 하지만 기업이 만약 원재료를 직접 생산하게 되면 이러한 가치사슬에서의 변화가 일어나며, 기업은 원재료 수입을 안정화할 수 있다는 이점을 거두게 됩니다. 만약 이 기업이 제품을 고객들에게 직접 판매하거나 유통망을 확보하게 되면 제품판매를 안정화할 수 있습니다. 원재료 수입과 같은 공급원을 통합하는 것을 후방수직통합이라고 부르며, 유통망을 통합하는 것을 전방수직통합이라고 부릅니다. 후방수직통합을 통해 기업은 공급을 안정화하여 원재료의 질적 수준을 유지할 수 있으며, 전방수직통합을 통해 기업은 고객집단을 바로 대면하여 제품과 서비스에 대한 즉각적인 피드백을 확보할 수 있습니다. 수평적 통합은 동일한 가치사슬 단계에 있는 경쟁자들과 통합함으로써 시장점유율을 높이고 시장에 대한 지배권을 강화할 수 있다는 이점을 기업에게 제공합니다. 1997년 외환위기 직후 현대자동차가 기아자동차를 인수한 것이 수평적 통합의 대표적인 예입니다. 반면 수직적 통합

은 다른 가치사슬 단계에 있는 기업들과 통합함으로써 공급망이나 유통망을 안
정화한다는 이점이 있습니다. 우리나라 주요 기업들의 경우 오랜 시간 지속적인
수직적 통합을 통해 계열화되어 오늘날 수십 개의 계열사들로 구성된 재벌 대기
업으로 성장하였습니다.

　방어형 전략의 긴축·우회전략은 말 그대로 매출이 급감하거나 수익성이 악화
될 때 비용을 최소화하고 인력을 감축하는 전략을 말합니다. 영업양도전략은 특
정 사업분야를 매각하거나 폐업처분하는 전략을 말하며 양도형태에 따라 스핀오프
(Spin-offs), 분할(Splits), 지분양도(Equity Carve-outs), 투자회수(Disinvestment) 등
이 있습니다. 수확전략은 기업의 단기적 이익을 높이기 위하여 사업의 성장보다
는 현금유입을 유도하는 전략을 말합니다. 마지막으로 현상유지전략은 안정성이
강조될 때 제품과 시장의 현상태를 유지하는 전략을 의미합니다. 기업의 방어형
전략은 공격형 전략과는 달리 외부환경의 변화에 효과적으로 대응하는 것을 목
표로 하고 있으며, 주로 경기가 악화되었을 때 기존 사업분야를 어떻게 유지할
것인지에 초점을 두고 있다는 것을 알 수 있습니다.

5. 사업전략의 유형

　사업전략에는 비용우위(Cost Leadership)전략, 차별화(Differentiation)전략, 집중
화(Niche Market)전략이 있습니다. 대표적인 사업전략인 비용우위전략은 기업이
비용상의 우위를 통하여 경쟁자들을 압도하는 전략을 말합니다. 비용우위전략을
실행하기 위해서는 낮은 비용구조를 유지하는 것이 관건인데, 특히 규모의 경제를
달성하기 위한 생산설비를 구축하고 생산경험을 축적하는 것이 핵심입니다. 규모
의 경제란 기업의 생산량이 증가할수록 제품을 한 단위 생산할 때 투입되는 원가
가 감소하는 것을 말합니다. 쉽게 말해 제품을 1개 생산할 때 들어가는 단위당
원가보다 1,000개 생산할 때 들어가는 단위당 원가가 현저하게 낮다는 것입니다.
따라서 기업이 규모의 경제를 통하여 비용우위전략을 구사하기 위해서는 대규모
생산설비를 확보하고 불량률을 최소화하는 생산경험을 확보하는 것이 중요하다고

나이키의 에어시리즈는 차별화전략의 성공적인 사례입니다. 나이키는 운동화에 공기를 주입하여 기능성을 대폭 강화함으로써 제품을 차별화하였고, 에어시리즈는 고가모델임에도 불구하고 현재 나이키의 스테디셀러로 자리잡는 데 성공하였습니다.

볼 수 있습니다. 최근에는 다른 방식으로 비용우위를 확보하는 기업들이 증가하고 있는데, 테슬라는 다른 자동차 회사와는 달리 홍보를 전혀 하지 않는 방식으로 비용을 절감하여 자동차의 가격을 낮추고 있으며, 이케아는 제품의 운반과 조립을 고객에게 아웃소싱하는 방식으로 제품의 가격을 낮추고 있습니다. 이외에도 제품 패키징을 최소화하거나 중간상을 제거하여 온라인샵을 통한 직접판매를 실시하는 등 기업들은 다양한 방식으로 비용을 줄이기 위해 노력하고 있습니다.

또 다른 사업전략은 차별화전략입니다. 차별화전략은 독특한 특성을 가진 제품을 도입하여 경쟁사들의 제품으로부터 차별화하는 전략을 말합니다. 기업은 디자인, 기술, 고객서비스 등 다양한 측면에서 제품을 차별화할 수 있습니다. 예를 들어, 애플이 출시하는 제품들은 디자인적으로 고객들을 매혹시킬 뿐만 아니라, 다양한 제품들이 통일된 디자인 언어를 가짐으로써 애플의 제품을 소유한 고객들에게 애착심을 제공하고 있습니다. 아모레퍼시픽의 설화수는 우리나라의 전통적인 원료들인 녹차, 인삼 등을 활용한 화장품을 출시하여 해외 제품들로부터 차별화하는 데 성공하였고, 볼보는 국가들의 안전기준을 뛰어넘는 수준의 안전성을 입증함으로써 안전의 대명사로서 자사의 제품들을 차별화하고 있습니다.

	Cost	Differenrataion
Total Maket	Cost Leadership	Differenrataion
Niche Market	Cost Focus	Differenrataion Focus

Scope

Coompetitive Advantage

기업은 2가지 요인을 고려하여 집중화전략을 수립하는데, 하나는 경쟁우위(Competitive Advantage)이며 다른 하나는 시장의 범위(Scope)입니다. 위 그림의 가로축은 경쟁우위의 원천인 비용(Cost)과 차별화(Differentiation)를 각각 나타내고 있습니다. 세로축은 시장의 범위가 전체시장(Total Market)인지 또는 틈새시장(Niche Market)인지를 나타내고 있습니다. 앞서 설명했던 대표적인 사업전략인 비용우위전략과 차별화전략을 틈새시장에서 실행할 때 2가지 집중화전략을 수립할 수 있는 것입니다. 비용 측면에서 경쟁우위를 확보하되 전체시장을 대상으로 하는 경우가 일반적인 비용우위(Cost Leadership)전략에 해당되며, 동일하게 비용우위를 갖지만 틈새시장을 대상으로 한다면 비용집중(Cost Focus)전략에 해당됩니다. 차별화 측면에서 경쟁우위를 확보하면서 전체시장을 대상으로 할 때 일반적인 차별화(Differentiation)전략에 해당되며, 동일하게 차별화를 가지고 틈새시장에 집중한다면 차별화집중(Differentiation Focus)전략에 해당됩니다.

차별화전략은 기업의 경영이념과 핵심가치와도 밀접한 관련을 가지고 있으며, 이 전략을 성공적으로 실행한다면 비용을 낮추지 않고서도 경쟁우위를 확보할 수 있기 때문에 많은 기업들에게서 선호되고 있습니다.

사업전략의 집중화전략은 특정 고객이나 제품, 시장에 집중함으로써 한정된 영역에서의 경쟁우위를 추구하는 전략입니다. 고객들의 욕구가 다양하기 때문에 기업이 모든 고객들의 욕구를 충족시키는 제품을 만들기는 어렵습니다. 또한 보유하고 있는 기술과 자원 등이 한정되어 있기 때문에 기업이 모든 종류의 제품들을 생산할 수 없고, 시장에 대한 지식과 정보도 제한적이기 때문에 모든 시장을 대상으로 활동할 수도 없습니다. 따라서 기업은 특정 사업분야에 집중함으로써 보유한 기술, 자원, 지식, 정보 등을 효과적으로 활용하려 하는 것입니다.

6. 전략분석기법

경영진은 경영전략을 수립하기 앞서 기업의 외부환경과 내부역량을 면밀히 분석해야 합니다. 또한 기업이 운영 중인 여러 사업분야들의 현황과 전망을 검토하여 중장기적 관점에서 전략적 목표들을 수립해야 합니다. 이처럼 경영전략을 효과적으로 수립하기 위한 여러 전략분석기법들이 제시되어왔는데, 이 장에서는 가장 대표적인 전략분석기법인 SWOT, BCG매트릭스, 수익성요인분석 (PIMS)을 소개하겠습니다.

먼저 SWOT은 기업의 내외부 요인을 고려하여 적절한 전략을 도출하는 가장 보편적인 전략분석기법입니다. 내부의 강점(Strength)과 약점(Weakness)이 무엇이며, 외부의 기회(Opportunity)와 위협(Threat)이 무엇인지를 파악한 다음, 각 요인을 강화하거나 보완하며 활용하는 방식으로 경영전략을 수립하게 됩니다. 예를 들어, ST전략은 내부의 강점을 활용하여 외부의 위협을 극복하는 전략이며, WO전략은 내부의 약점을 기회를 통하여 보완하는 전략입니다. 이처럼 SWOT 분석은 기업의 내부역량과 외부환경을 체계적으로 분석하여 이를 종합하는 경영전략을 도출하도록 지원한다는 점에서 널리 활용되고 있는 전략분석기법입니다. 하지만 이 전략분석기법이 갖는 한계도 명확합니다. 기본적으로 SWOT분석은 기업이 보유한 강점과 약점, 그리고 외부환경이 주는 기회와 위협이 시간에 따라 변할 수 있다는 가능성을 반영하고 있지 않습니다. 약점이라고 여겼던 내부의 어떤 특성이 새로운 환경에서는 강점이 될 수 있음에도 불구하고 이 같은 가능성을 고려하고 있지 못한 것입니다. SWOT분석의 또 다른 문제는 전략의 본질과는 거리가 있다는 점입니다. 전략은 기본적으로 경쟁자가 하지 않고 할 수 없는 것을 시도함으로써 경쟁우위를 확보하는 것인데, SWOT분석의 결과는 그 상황에서 가장 합리적이며 객관적인 전략을 도출한다는 것입니다. 예를 들어, 자동차 제조와 관련된 어떠한 기술과 역량도 보유하지 않았던 현대그룹이 1960년대 현대자동차를 설립하는 의사결정을 내린 것은 SWOT분석으로는 합리화되기 어렵습니다. 또한 설립 이후 휴대폰을 만들어본 경험이 전무했던 애플이 스마트폰 개발에 착수한 의사결정도 SWOT분석으로는 도출될 수 없는 전략적

- 유리한 시장점유율 - 높은 생산성 - 규모의 경제 - CEO의 경영능력	- 독점적 기술 - 높은 직무 만족도 - 안정적인 공급채널 - 자금조달능력	- 협소한 제품군 - 연구 개발 부족 - 낮은 광고 효율 - 종업원의 고령화	- 낙후된 설비 - 수익성 저하 - 블리한 공장 입지 - 브랜드 이미지 약화

S 우리의 강점은 무엇인가

우리의 약점은 무엇인가 W

S.W.O.T Analysis

O 우리에게 기회는 무엇인가

우리에게 위협은 무엇인가 T

- 높은 경제 성장률 - 시장의 빠른 성장 - 새로운 기술의 등장 - 경쟁 기업의 쇠퇴	- 신시장 등장 - 새로운 고객 집단 출현 - 유리한 정책, 법규, 제도 - 낮은 진입 장벽	- 새로운 경쟁기업 출현 - 불리한 정책, 법규, 제도 - 시장 성장률 둔화 - 구매자, 공급자의 파워 증대	- 무역 규제 - 대체상품 개발 - 경기침체

●

SWOT분석에서 S와 W는 기업이 보유한 내부 강점과 약점을 의미하고, O와 T는 기업이 속한 환경의 기회와 위협을 의미합니다. 경영자는 SWOT분석을 통해 내외부의 요인들을 복합적으로 고려하여 적합한 전략을 체계적으로 수립할 수 있습니다.

판단입니다. 결국 SWOT분석은 시간에 따라 기업의 내외부 요인들이 변화할 수 있다는 가능성을 반영하지 못할 뿐 아니라, 기업들이 유사한 경영전략을 수립하도록 유도한다는 점에서 차별화가 핵심인 전략의 본질과 동떨어져 있다는 한계가 있는 것입니다.

다음으로 BCG매트릭스는 여러 제품과 사업에 대한 포트폴리오를 관리하는데 초점을 맞춘 전략분석기법이라고 할 수 있습니다. BCG매트릭스는 수익성과 성장성을 고려하여 사업을 4개 유형의 포트폴리오로 분류하며, 각 포트폴리오에서의 현금유입과 유출을 고려하여 우선투자순위를 결정하게 됩니다. 먼저 캐시카우(Cash Cow)는 수익성이 높지만 성장성은 낮기 때문에 현금의 유출보다는 유입이 더 크며, 이미 성숙기에 접어든 사업이 여기에 해당됩니다. 다음으로 개(Dog)는 수익성과 성장성이 모두 낮기 때문에 현금이 유출가능성이 높으며, 이 경우 해당 사업의 철수나 매각을 고려하는 것이 바람직합니다. 반면 수익성과 성장성이 모두 높은 사업을 별(Star)이라고 하며, 여기에 해당하는 사업은 이미 상당한 수익을 올리고 있어 현금이 많이 유입되지만 동시에 급격한 성장으로 인

BCG매트릭스

BCG매트릭스를 활용하여 여러 사업을 수익성과 성장성에 따라 캐시카우(Cash Cow), 개(Dog), 별(Star), 의문표(Question Mark)와 같은 4개 포트폴리오로 분류하여 관리할 수 있습니다. 기업의 의사결정자는 각 사업의 현금흐름을 고려하여 차별화된 전략을 수립하여 여러 사업을 효과적으로 관리할 수 있습니다.

해 투자를 위해 현금을 많이 유출해야 합니다. 마지막으로 의문표(Question Mark)는 수익성은 낮지만 성장성이 높기 때문에 투자를 많이 해야 하며, 주로 도입기에 있는 사업이 여기에 해당됩니다. 사업의 성장 정도에 따라 별이 캐시카우가 되고 캐시카우가 개가 된다고 볼 수 있으며, 의문표에 있다가 별이 되지 못하고 바로 개가 되는 사업도 있습니다. 예를 들어, 1980년대 당시에는 건설업이 캐시카우였으며 자동차산업은 별, 전자산업은 의문표였습니다. 오늘날에는 건설업이 개가 되었으며 전자산업이 캐시카우가 되었다고 볼 수 있으며, 바이오산업이 별, 블록체인 기술은 의문표에 해당된다고 볼 수 있습니다.

　BCG매트릭스는 기업이 운영하고 있는 다양한 사업분야들을 중장기적 관점에서 체계적으로 관리할 수 있는 방법론을 제공한다는 점에서 유용한 전략분석 기법이지만, 오늘날의 경쟁환경에서는 그 효용성이 점차 감소하고 있습니다. 그 이유는 제품생애주기가 짧아지고 있기 때문입니다. 과거 짧게는 수 년에서 길게

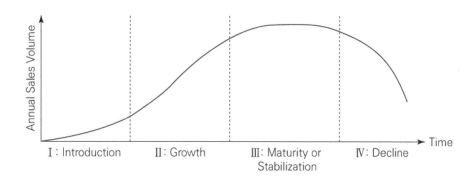

• BCG매트릭스의 포트폴리오는 제품생애주기(Product Life Cycle)와 밀접한 관련이 있습니다. 제품생애주기란 제품의 도입에서부터 쇠퇴 후 퇴장까지의 기간을 의미하는데, 도입기-성장기-안정기-쇠퇴기와 같은 4단계로 구분할 수 있습니다. 즉 제품이 시장에 도입될 당시에는 판매량이 적지만, 제품이 성장하여 안정기에 이르면 판매량이 폭발적으로 증가하고, 이것이 오랜 시간 유지되다가 다른 신제품에 의해 대체되면서 쇠퇴기에 이르러 시장에서 퇴장한다는 것입니다. 제품생애주기를 BCG매트릭스에 적용해보면, 각 단계는 의문표-별-캐시카우-개를 의미한다고 볼 수 있습니다.

는 수십 년에 걸쳐 진행되었던 제품생애주기가 초경쟁시대로 들어서면서 급격하게 짧아진 것입니다. 기술의 급격한 발전과 산업의 융복합화와 같은 현상들이 모든 산업들에 나타나면서, 과거처럼 특정 제품이 도입되어 성장하면 그 시장지위가 오랜 시간 유지되던 현상이 사라지기 시작한 것입니다. 예를 들어, 테이프-CD-DVD로 이어지던 미디어시장의 패권이 스트리밍서비스라는 무형의 미디어서비스에 의해 완전히 와해되었으며, 표준화된 통신기술이 핵심 경쟁력이던 통신시장이 PC시장에 속한 애플의 아이폰에 의해 완전히 재구성되었습니다. 이처럼 제품들의 경쟁이 특정 사업분야나 산업 내에서 안정적으로 이뤄지는 것이 아니라, 과거에는 전혀 접점이 없었던 타사업분야와 이종산업에서 다른 제품들이 들어와서 고객들의 욕구를 충족시킴으로써 기존 제품을 대체해버리는 일들이 나타난 것입니다. 결국 중장기적인 제품생애주기를 가정하고 여러 사업들에 대한 포트폴리오 전략을 제시하는 BCG매트릭스의 효용성도 그만큼 감소하고 있는 것입니다.

마지막으로 소개할 전략분석기법인 수익성 요인분석(PIMS: Profit Impact on Market Strategy)은 기업의 수익성과 현금흐름의 측면에서 사업의 성공과 실패를 예측하는 것입니다. 투자수익률(ROI: Return on Investment)은 투자 대비 수익성을 의미하는 재무성과지표로서, 이 투자수익률을 높이는 데 영향을 미칠 수 있는 여러 요인들을 투입하여 계량적으로 분석한 다음 유의적 변수를 추출하고, 이 변수를 강화하는 전략적 의사결정을 내린다면 효과적으로 기업의 성과를 개선할 수 있다는 것입니다. 하지만 이 전략분석기법은 자칫 결정론의 위험에 빠질 수 있다는 한계가 있습니다. 기업의 경영활동은 모든 것이 통제된 실험실과는 크게 다르기 때문에, 수익성 요인분석에 따라 기업의 성과를 개선하는 유의미한 변수를 발견한다고 하더라도 그것이 추후 기업의 성과에 반드시 유의미한 영향을 미칠 것이라 확신할 수 없습니다. 또한 이 전략분석기법은 기업의 무형자산이 갖는 가치를 반영하고 있지 못하다는 한계가 있습니다. 기업이 보유한 재무자원, 인적자원, 설비, 지적재산권, 특허 등이 유형자산이라면, 기업의 이미지, 명성, 조직문화 등은 무형자산이라고 볼 수 있습니다. 기업이 성공적으로 경영활동을 수행하기 위해서는 유형자산뿐만 아니라 무형자산의 역할이 중요하다는 것은 이견이 없음에도 불구하고, 수익성 요인분석에는 이 같은 무형자산이 계량화될 수 없다는 점에서 근본적인 한계가 있는 것입니다. 그리고 수익성 요인분석은 위기상황에서 경영자와 구성원들의 대응능력을 간과한다는 문제도 있습니다. 구성원들의 정신력, 확고한 의지, 비전에 대한 수용력 등은 무형자산으로도 측정될 수 없지만 이것이 기업의 위기대응능력에 미치는 영향은 매우 큽니다. 위와 같은 한계점들로 인해서 수익성 요인분석은 오늘날 기업들에게서는 잘 사용되지 않는 전략분석기법입니다.

나가며

지금까지 전략수립절차와 경영전략의 유형, 전략분석기법에 대해 살펴보았습니다. 전략경영이론은 '기업이 어떻게 하면 경쟁자들을 압도하는 경쟁우위를 확보할 것인가?'라는 질문에 답하기 위해서 여러 실용적인 개념과 이론들을 제시해왔고, 실제 기업들이 활용할 수 있는 다양한 전략분석기법들이 제시되었습니다. 하지만 실제 경영환경은 과거보다 더 **빠르게** 변화하고 있고, 이론적으로는 해결되지 않는 여러 과제들이 여전히 존재합니다. 그간 발전해온 전략경영이론이 갖는 가장 근본적인 문제점은 바로 3자적 관점에서 해결책을 제시한다는 것입니다. 전략경영이론가들은 무수한 기업들을 관찰하여 성공의 비결과 실패의 원인을 분석하였고, 그 이론의 객관성과 일반화가능성(Generalizability)을 어느 정도 확보하는 데에는 성공하였습니다. 하지만 그 이론을 경영자가 특수한 상황에서 활용하기에는 너무 추상적이며 현실적이지 않다는 문제가 있습니다. 또한 몇몇 기업들에서 검증된 특정 전략을 채택한다고 하더라도 그 결과를 확신하거나 예측할 수 없습니다. 이는 고도로 통제된 실험실이나 수술실과는 달리 기업의 경영활동은 열린 환경에서 수많은 행위자들의 복잡한 상호작용을 통하여 일어나기 때문에, 아무리 많은 표본들을 확보하여 객관성을 어느 수준에서 검증하였다고 해도 그것이 특정 기업에게도 동일하게 적용될지는 아무도 모른다는 것입니다. 이는 결과적으로 전략경영이론과 실제 경영현장 간의 괴리를 일으켰으며, 경영학과 전략경영이론에 대한 경영자들의 불신을 낳는 부정적인 결과를 초래했습니다.

전략경영이론의 이 같은 문제가 해결되기 위해서는 경영활동의 특수성이 강조되어야 합니다. 경영진과 구성원들은 매일 주어진 상황과 정보하에서 최적의 의사결정을 내려야 하기 때문에, 전략경영이론은 기업조직의 각 계층별로 활용 가능한 실용적인 전략방법론을 제시할 필요가 있습니다. 이를 위해서는 어떤 이론을 구축하는 데 초점을 두는 것이 아니라 특수한 사례에 대한 분석과 연구가 지속적으로 수행됨으로써 특수한 경영활동과 의사결정에 대한 깊은 이해와 통찰력이 경영현장에 제공되어야 하는 것입니다. 또한 오늘날의 급변하는 경쟁환경에 대응하기 위한 변화관리능력을 배양할 수 있는 접근법과 구체적인 방법론이 제시되어야 할 것입니다. 기업을 둘러싸고 있는 시장과 산업, 사회가 빠르게 변화하고 있는 상황에서 기업이 어떻게 전략적 방향을 빠르게 설정하고 또 어떤 방법으로 빠르게 전환할 것인지에 대한 통찰력이 필요한 상황입니다.

토의

01 환경단체, 인권운동조직 등과 같은 비영리조직(Non-Governmental Organization)의 전략과 기업의 전략이 갖는 공통점과 차이점은 무엇일까요?

02 경영학자 알프레드 챈들러(A. D. Chandler)는 '기업의 구조는 전략을 따른다'라고 말했습니다. 이 관점에서 볼 때 기업의 사업전략인 비용우위전략과 차별화전략을 실행하기 위해서는 어떤 조직을 설계해야 할까요?

03 기업이 새로운 사업에 진출하는 전략을 수립할 때 반드시 고려해야 할 요인은 무엇일까요? 특히 SWOT분석의 4가지 요인 외에 추가되어야 할 새로운 요인에 대해 논의해봅시다.

04 경쟁환경이 빠르게 변하고 있는 오늘날에는 전통적인 전략적 접근법들이 무용지물이 되고 있는 상황입니다. 급격한 기술발전과 초경쟁시대의 도래, 산업의 융복합은 어제의 경쟁우위가 오늘의 실패 원인이 되도록 만들고 있습니다. 이 시기에 기업들은 어떤 전략적 사고방식을 채택해야 할지 논의해봅시다.

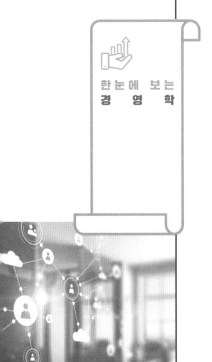

한눈에 보는
경영학

조직구조

CHAPTER
04

조직구조

들어가며

　모든 사람은 현재 어떤 조직에 소속되어 있고, 또 지금까지 살아오면서 한 번도 조직에서 벗어난 적이 없으며, 앞으로도 조직의 구성원으로서 살게 될 것입니다. 기업 또한 조직의 한 형태로서, 기업이 운영되는 원리를 이해하기 위해서는 조직이 운영되는 원리를 알 필요가 있습니다. 조직(Organization)을 바라보는 3가지 관점들이 있습니다. 첫 번째 관점은 조직을 개인들의 총합으로 보는 것입니다. 복수의 개인들이 함께 일하는 것이 조직이라는 것입니다. 두 번째 관점은 조직을 복수의 집단(Group)들로 간주하는 것입니다. 기업의 마케팅팀, 인사팀, 연구개발팀 등이 하위집단으로서 조직을 구성하는 기본 단위가 됩니다. 세 번째는 조직을 완전히 새로운 주체로 보는 관점입니다. 조직은 개인과 집단과는 전혀 다른 특성을 가지고 있다는 것입니다. 이 관점은 개인의 심리적 요인이나 집단의 특성으로는 조직현상을 다 설명해내기 어렵다고 봅니다. 대표적인 예로 조직문화가 있습니다. 조직문화는 개인 단위나 집단 단위에서는 나타나기 어려운 현상이지만 개인과 집단에게 강한 영향을 미치게 됩니다. 조직목표도 고유한 조직현상입니다. 개인과 집단이 어떤 목표를 달성하기 위해 조직을 구성하고 협력하게 됩니다. 하지만 조직이 그 목표를 달성하고 나면 새로운 목표를 찾게 되고 발전하게 되는데, 이 단계부터 조직은 개인과 집단의 협력체 이상의 성격을 가지게 되는 것입니다. 즉 조직이 발전할수록 개인과 집단의 이해와는 관계없는 목표를 추구할 수도 있다는 것입니다.

　조직에 대한 3가지 관점들을 종합하면, 조직은 '어떤 욕구(Needs)나 목표(Goal)를 달성하기 위해 잘 구조화되고 관리된 사람들의 사회적 단위(Social Unit)'로 정의할 수 있습니다. 이 정의는 앞서 소개한 조직에 대한 3가지 관점들을 모두 반영하고 있습니다. 또한 이 정의로부터 우리는 조직의 필수적 요소에는 '복수의 사람들', '공동의 목표', 그리고 '체계'가 들어간다는 것을 알 수 있습니다.

1. 조직은 어떻게 구성되는가?

조직화(Organizing)는 목표달성을 위해 자원과 작업을 배치하고 조정하는 절차로서, 여러 작업들을 기능에 따라 세분화하고 부서에 따라 역할과 권력을 배분하는 과정이라고 볼 수 있습니다. 조직화는 크게 구체화(Specification), 분업화(Differentiation), 부문화(Departmentalization), 조정화(Coordination)라는 4가지 단계로 이뤄집니다.

조직화의 첫 번째 단계인 구체화는 조직의 목표를 달성하기 위해 수행되어야 할 모든 작업들을 규명하는 것으로서, 생산과정의 투입물(Input)에서부터 사후적인 고객만족에 이르는 모든 작업들을 구체적으로 밝히게 됩니다. 예를 들어, 맥도날드의 구체화는 햄버거와 감자튀김에 들어갈 식자재를 어떻게 관리해야 하며 각 메뉴는 어떻게 만드는지, 제품결제와 전달은 어떤 방식으로 이뤄져야 하며 매장관리는 어떻게 해야 하는지 등을 정하게 됩니다.

조직화의 두 번째 단계는 분업화입니다. 분업화는 작업의 세분화를 통해서 조직의 능률을 향상시키는 것을 목표로 합니다. 구성원이 상이한 성격의 여러 작업활동을 모두 수행하는 것보다 비슷한 성격의 작업활동을 수행하는 것이 보다 효율적일 수 있습니다. 하지만 과도한 분업화는 역기능의 위험이 있습니다. 과업을 지나치게 단순화하다보면 일에 대한 구성원의 흥미가 떨어지고, 일을 수행할 때 오는 동기부여가 감소할 수 있기 때문입니다. 따라서 효율성을 높이면서 구성원들의 심리적 만족도가 떨어지지 않게 적정 수준으로 분업화를 수행하는 것이 중요합니다. 분업화 수준은 작업의 심도와 범위에 의해 결정됩니다. 먼저 심도는 작업의 자율성과 관련이 있습니다. 작업의 세부사항까지 감독할 경우 심도가 낮지만, 일반적 규칙하에서 구성원 스스로의 방식대로 자율적인 업무추진이 가능하다면 심도가 높다고 볼 수 있습니다. 다음으로 범위는 구성원이 과업을 수행하는 데 요구되는 활동의 종류와 관련이 있습니다. 과업이 한두 가지 활동들로 이뤄진다면 작업의 범위는 좁지만 다양한 활동들로 이뤄진다면 작업의 범위는 넓다고 할 수 있습니다. 예를 들어, 대학교수는 작업의 심도가 높고 범위가 넓기 때문에 분업화 수준이 낮지만, 패스트푸드점의 종업원은 작업의 심도가 낮고 범위가 좁아서 분업화 수준이 높다고 볼 수 있습니다. 또한 연구원은 작업의 심도는 높지만 범위가 좁은 반면, 은행원은 작업의 심도는 낮고 범위가 넓다고 볼 수 있습니다.

작업의 심도와 범위 측면에서 기업이 분업화의 효과를 높이기 위한 방안으로는 직무확대(Job Enlargement), 직무충실화(Job Enrichment), 직무순환(Job Rotation), 유연근무제(Flexible Working System) 등이 있습니다. 직무확대는 구성원이 수행하는 과업의 종류를 늘림으로써 작업의 범위를 넓히는 것입니다. 반면 직무충실화는 구성원에게 기존에 없던 자율성과 의사결정 권한을 부여함으로써 심도를 강화하는 것입니다. 직무순환은 구성원이 정기적으로 다른 직무를 수행하게 만드는 제도로서 오늘날 많은 기업들에게서 보편적으로 사용되고 있습니다. 예를 들어, 신입사원은 처음에 인사팀에 배정되어서 3년 근무하다가, 재무팀으로 이동되어 3년 이상을 또 근무하고, 그 다음에는 회계팀으로 이동하여 근무하는 방식으로 여러 직무를 두루 경험하게 됩니다. 직무순환은 구성원들이 여러 부서를 경험함으로써 종합적인 시각을 가질 수 있도록 해주고, 여러 부서들 간의 유대관계를 형성할 수 있게 해준다는 이점이 있습니다. 하지만 구성원 입장에서는 지속적으로 부서를 옮겨야 하기 때문에 개인역량이 전문화되지 못한다는 점, 그리고 새로운 부서에 적응해야 한다는 점이 스트레스로 다가올 수 있습니다. 유연근무제는 구성원이 원하는 시간에 근무를 시작해서 원하는 시간에 근무를 마치는 것입니다. 유연근무제도 대기업들을 중심으로 도입되기 시작해서 오늘날에는 보편적으로 시행되고 있습니다. 이 네 가지 방안들 중에서 분업화의 효과가 가장 높은 것은 직무충실화입니다. 구성원에게 의사결정 권한을 제공함으로써 심리적 만족도를 높이고 동기부여를 강화할 수 있기 때문입니다.

세 번째 조직화 단계는 경영활동의 수행 단위를 만들어주는 부문화입니다.

부문화에는 크게 3가지 수행 단위가 있는데, 먼저 목적별 부문화는 목적에 따라 부서를 만들고 그 부서 안에 여러 경영기능들을 배치하여 경영활동을 수행하는 것입니다. 이 방식은 기업이 환경의 변화에 효과적으로 대응할 수 있게 해줍니다. 공정별 부문화는 생산공정별로 구성원들을 배치하는 것입니다. 예를 들어, 원재료를 정제하고 가공하여 포장하는 3단계의 생산공정이 있다면 각 공정별로 3개의 부서를 만들어서 구성원들을 배치하게 됩니다. 이 방식은 구성원들의 공정별 전문지식을 최대한으로 활용할 수 있다는 이점이 있습니다. 마지막으로 사업별 부문화는 각 사업에 여러 경영기능들을 두고 구성원들을 배치하는 방식입니다. 삼성전자의 반도체사업부, 무선통신사업부 등이 사업별 부문화가 적용된 예라고 볼 수 있습니다. 각 부서 안에 모든 경영기능들이 존재하고 부서의 장이 자율적인 의사결정을 내릴 수 있기 때문에 사업별 부문화는 각 사업의 전문성을 살릴 수 있다는 이점이 있습니다. 하지만 자칫 개별 부서에는 최적화된 의사결정이 다른 부서의 이익을 잠식하거나 기업의 전사전략과는 충돌하는 부분최적화(Sub-optimization)의 문제가 나타날 위험이 있습니다.

마지막 조직화 단계는 조정화입니다. 조정화는 세분화된 작업들을 상호조정하는 것으로서 가장 중요한 조직화 과정입니다. 조정화가 제대로 이뤄지지 않으면 조직 내 집단들은 하위목표만을 달성하는데 최적화될 수 있으며, 조직 내 부서들 간의 갈등과 분쟁이 심화될 수 있습니다. 또한 연구개발팀과 같이 특수분야의 독립성을 보장하기 위해서 조정화는 반드시 이뤄져야 합니다. 기업을 둘러싼 외부환경의 변화가 빠를 때 효과적으로 대응하기 위해서도 조정화는 중요합니다. 그리고 구성원들이 수행해야 할 작업들 간의 관련성이 높을 때 조정화의 중요성은 더욱 높아집니다. 하지만 조정화를 실현하기 위해서는 조정을 전담하는 부서를 만들어야 하고 시간적·물적 비용이 수반될 수 있으며, 조정을 위한 회의나 미팅이 잦아지기 때문에 구성원들의 불만이 증가할 수도 있습니다. 조정화 방식에는 수직적 조정화와 수평적 조정화가 있습니다.

먼저 수직적 조정화를 하기 위해서는 다음의 5가지 요인들을 고려해야 합니다. 첫째로 권한, 책임, 보고의무가 균형을 이루는 '3면 등가의 원칙'이 지켜져야 합니다. 만약 구성원에게 권한은 없는데 책임을 져야 하는 상황이 발생한다면

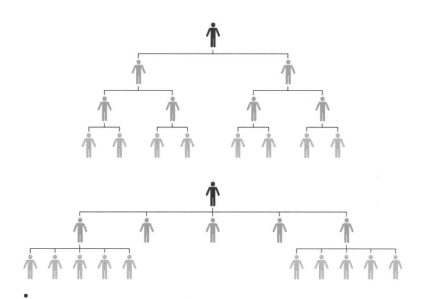

상사가 통솔하는 부하들의 수를 의미하는 관리영역이 좁으면 조직은 수직적인 형태가 되며, 관리영역이 넓으면 조직은 수평적인 형태가 됩니다. 관리영역이 좁아질수록 보고체계가 길어지기 때문에 의사결정 속도가 느려지지만, 관리영역이 넓어질수록 보고체계가 짧아져 의사결정 속도가 빨라집니다.

그 구성원의 불만족은 증가할 것입니다. 둘째로 상사가 부하를 통솔하는 범위를 말하는 관리영역(Span of Control)을 고려해야 합니다. 한 명의 상사가 통솔하는 부하들의 수가 늘어날수록 관리영역은 넓어지게 됩니다. 셋째로 부하에게 권한을 주는 위임(Delegation)입니다. 위임의 정도는 집권화(Centralization)와 분권화(Decentralization) 사이에서 정해집니다. 의사결정 권한이 조직의 상위계층이 집중될수록 집권화 정도가 상승하며, 반대로 하위계층에도 의사결정 권한이 부여되면 분권화 정도가 상승합니다. 넷째로 부하는 한 명의 상사로부터 명령을 받는다는 명령일원화입니다. 복수의 상사들로부터 명령을 받게 되면 부하에게 상충되는 목표달성이 요구될 수도 있고 부하가 받는 스트레스가 증가할 수 있습니다. 다섯째로 권한과 책임이 조직의 상단에서 하단까지 단절 없이 연결되는 계층연결입니다. 한편 수평적 조정화는 보고체계와 스태프(Staff), 위원회와 특수임무부(TFT: Task Force Team)를 통하여 실현됩니다. 각 부서와 의사결정 부서 사이에 존재하는 보고체계와 본부에서 파견된 스태프는 조직의 경영활동들을 횡

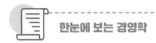

적으로 통합합니다. 위원회와 특수임무부는 여러 부서들의 구성원들이 차출되어 수평적 조정화를 수행한다는 점에서 유사하지만, 위원회는 지속성을 가지는 반면 특수임무부는 목표달성까지 일시적으로 운영된다는 차이가 있습니다.

	위원회	특수임무부
영속성	장기적	단기적
구성원의 배경	조직 내 역할이나 지위	전문성, 기술
구성원의 안정성	안정적	유동적
업무추진태도	수동적	적극적

●
수평적 조정화를 위한 장치인 위원회와 특수임무부는 다음과 같은 차이점이 있습니다. 먼저 위원회는 장기적으로 유지되는 반면 특수임무부는 임무를 달성하게 되면 해체됩니다. 구성원들의 배경도 위원회는 조직 내 역할이나 지위에 따라 선발되지만, 특수임무부는 구성원들의 전문성과 기술과 같은 능력에 따라 선발됩니다. 또한 위원회는 한 번 조직되면 구성원들이 그대로 유지되지만, 특수임무부는 구성원들이 유동적입니다. 업무를 추진하는 태도에 있어서 위원회는 수동적이지만 특수임무부는 적극적으로 문제를 해결하려 한다는 차이가 있습니다.

2. 조직설계: 관료제와 애드호크라시

조직화를 통하여 조직을 설계하기 전에 어떤 방향성을 가지고 조직을 설계할지를 정해야 합니다. 즉 조직설계에 대하여 어떤 접근법을 채택하느냐에 따라 다른 방식으로 조직을 설계하게 되는 것입니다. 조직화의 원칙들은 조직설계에 대한 접근법의 영향을 받습니다. 대표적인 조직설계의 접근법은 관료제(Bureaucracy)와 애드호크라시(Adhocracy)입니다. 먼저 관료제는 공식적인 권위체계를 갖는 계층조직을 말합니다. 이 조직은 직무가 전문화되어 있고, 의사결정 원칙이 있으며, 명확한 명령체계로 특징지어집니다. 하지만 명령체계가 복잡하고 의사결정 권한이 상층부에 집중되어 있어 불확실한 환경에 대응하기 어렵다는 문제가 있습니다. 명령체계가 엄격하기 때문에 일선관리자들이 결정할 수 있는 것이 별로 없습니다. 따라서 관료제를 채택한 기업은 시장의 변화에 능동적으로 대응하기 어렵습니다. 애드호크라시는 이와는 반대되는 접근법입니다. 애드호크라시는 고도의 유기적 조직구조를 추구하기 때문에 조직구조의 복잡성, 집권화, 공식화 수준이 모두 낮다는 특성을 가집니다. 복잡성은 조직구조가 복잡한 정도를 의미하고, 집권화는 의사결정 권한이 상층부에 집중된 정도를 의미하며, 공식화는 조직의 일을 처리할 때 얼마나 많은 규칙을 따라야 하는지를 의미합니다. 애드호크라시를 채택한 조직에서는 현장에서 즉각적인 의사결정을 내리는 것이 가능하고, 규칙이 적기 때문에 유연하고 창의적으로 문제를 해결할 수 있습니다. 하지만 애드호크라시는 책임과 권한이 모호하다는 문제가 있습니다. 어떤 문제가 발생하면 그 책임을 조직 내 누가 져야 하는지가 불분명한 것입니다. 그리고 애드호크라시의 구성원은 자율적으로 의사결정을 내려야 하기 때문에 강한 심리적 압박과 스트레스를 받게 됩니다. 이처럼 관료제와 애드호크라시 중 어떤 접근법을 채택하는지에 따라 조직화가 다르게 이뤄지게 되는 것입니다.

3. 조직구조의 유형

다음 그림은 일반적인 조직도를 보여주고 있습니다. 최상단에 이사회가 존재하고 그 아래 최고경영자가 배치되어 있으며, 최고경영자의 아래에는 경영기능별로 부서들이 배치되어 있습니다. 우리는 이 조직도에서 이 기업에 대한 몇 가지 정보를 파악할 수 있습니다. 먼저 부문화 단위를 알 수 있습니다. 이 기업은 목적별 부문화를 실시한 것으로 보입니다. 목적에 따라 각 경영기능별로 부서를 조직화한 것입니다. 다음으로 보고체계를 알 수 있습니다. 조직의 하단에서부터 상단에 이르기까지 부서들 간 보고체계가 어떻게 구성되어 있는지를 파악할 수 있습니다. 가령 오프라인 영업부(Field Sales Force)와 온라인 영업부(E-commerce & Directing Sales), 그리고 고객센터(Customer Service)는 영업·마케팅부(Sales & Marketing)에 보고하게 되어 있고, 영업·마케팅부는 최고경영자에게 보고하게 되어 있다는 것을 알 수 있습니다. 이처럼 조직도는 기업에 어떤 부서들이 존재하고 어떻게 부문화되어 있으며, 구성원들이 어떤 보고체계를 갖는지를 보여줍니다.

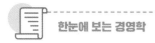
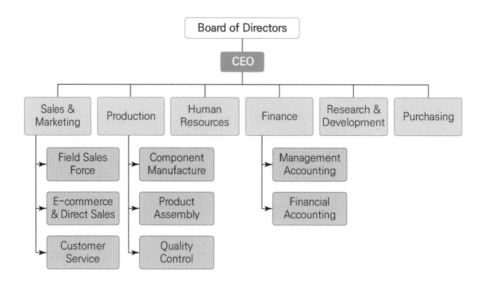

일반적으로 조직도는 조직구조를 반영하게 됩니다. 조직구조는 조직이 목표를 효과적·효율적으로 달성하기 위한 부문화 방식과 보고체계를 나타낼 뿐만 아니라, 조직이 어떤 시장을 대상으로 어떤 제품을 취급하며, 어떤 전략적 경쟁 우위를 추구하는지를 보여줍니다. 조직구조의 유형에는 기능구조(Functional Structure), 사업부구조(Divisional Structure), 매트릭스구조(Matrix Structure), 네트워크구조(Network Structure)가 있습니다.

먼저 기능구조는 각 경영기능을 중심으로 구조화된 형태를 말합니다. 다음 그림과 같이 최고경영자 밑에 각 기능별 담당자를 두고 그 아래 스태프들을 배치합니다. 이 구조는 경영기능별로 전문지식을 강화할 수 있다는 장점이 있습니다. 예를 들어, 인사담당자들은 인사팀에, 재무담당자들은 재무팀에, 마케터들은 마케팅팀에 배치함으로써 경영기능별 전문성을 발전시킬 수 있는 것입니다. 하지만 이 구조는 조직이 복잡해질 때 의사결정의 속도가 지연될 수 있다는 단점이 있습니다. 단일 제품과 서비스를 취급할 때는 유리하지만, 복수의 제품과 서비스를 취급하게 되면서 각 제품과 서비스에 대한 대응능력이 떨어지는 것입니다. 가령 연구개발팀이 하나이기 때문에 여러 제품들에 대한 연구개발 속도가 느려질 수밖에 없습니다. 또한 단일 마케팅팀이 복수의 제품들을 관리해야 하기

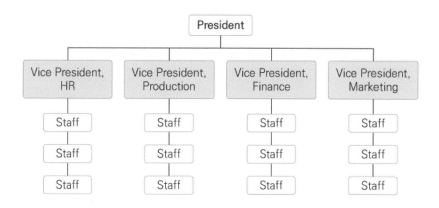

때문에 각 제품에 특화된 마케팅 관리를 수행하기 어렵습니다. 결국 기능구조는 경영기능별 전문지식을 강화할 수 있다는 이점이 있지만, 다양한 제품과 서비스를 취급할 경우 의사결정 속도가 느려지며 제품과 서비스에 특화된 운영이 어렵다는 한계가 있습니다.

다음으로 사업부구조는 사업부를 중심으로 조직이 분화되어 구성된 형태입니다. 여기서 사업부를 구성하는 기준은 제품, 시장, 지역이 될 수 있습니다. 복수의 제품들을 취급하거나 여러 시장에서 활동하거나, 여러 국가들에서 서비스를 제공하는 경우 이 같은 사업부구조가 적절한 형태가 될 수 있습니다. 다음 그림들은 사업부구조의 형태를 보여주고 있습니다. 위의 조직구조는 제품을 중심으로 한 사업부구조이며, 아래의 조직구조는 지역을 중심으로 한 사업부구조

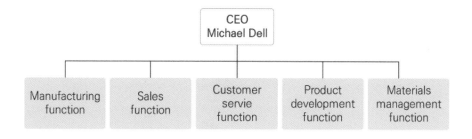

●

위 그림은 델의 기능구조를 나타내고 있습니다. 기능구조는 공통적인 경영기능을 중심으로 경영활동이 이뤄지기 때문에 제품의 종류가 적을 때 효과적입니다. 델의 제품 포트폴리오는 PC에 집중되어 있기 때문에 기능구조가 매우 적합한 형태입니다.

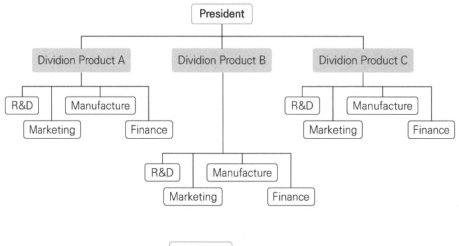

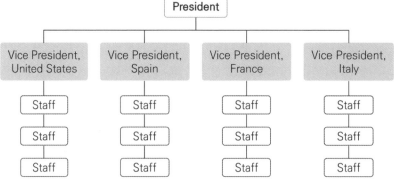

입니다. 두 조직구조 모두 최고경영자 아래에 여러 사업부들을 두고 있으며, 각 사업부는 모든 경영기능들을 포함하고 있습니다.

사업부구조는 사업부가 자율적으로 경영활동을 수행할 수 있도록 권한을 부여합니다. 사업부장의 책임경영하에서 사업부는 독립된 기업의 성격을 가지게 되는 것입니다. 이 경우 제품, 시장, 지역에 최적화된 경영활동을 수행할 수 있다는 장점이 있습니다. 각 사업부에 모든 경영기능이 존재하며 사업부장이 자율적인 의사결정을 내릴 수 있기 때문에, 제품과 서비스에 특화된 빠른 의사결정을 내릴 수 있는 것입니다. 하지만 이 구조의 문제는 사업부에게 전권을 주기 때문에 부분최적화(Sub-optimization)가 나타날 수 있다는 것입니다. 부분최적화

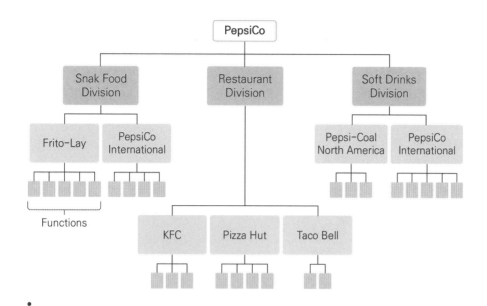

1930년대 미국과 유럽의 기업들이 제품별 다각화와 해외진출을 시도하면서 기능구조에서 사업부구조로 변화하기 시작합니다. 기능구조를 고수할 경우 다각화된 여러 제품이나 지역을 한꺼번에 관리하면 조직의 효율성 떨어지기 때문입니다. 펩시그룹은 제품을 중심으로 한 사업부구조의 대표적인 예입니다. 펩시그룹은 스낵푸드, 레스토랑, 소프트드링크와 같은 3가지 사업영역을 가지고 있습니다. 각 사업부는 여러 자회사들을 관리하고 있습니다. 가령 레스토랑 사업부는 KFC, 피자헛, 타코벨을 자회사로 운영하며 각 자회사에는 모든 경영기능들이 배치됩니다.

란 특정 사업부에 최적화된 의사결정이 기업 전체의 관점에서는 그렇지 않거나 다른 사업부에 부정적인 영향을 미칠 수 있다는 것을 의미합니다. 모든 사업부들이 의사결정 권한을 갖기 때문에 여러 사업부문들 간의 조정이 어려워 기업 전체의 목표를 추구하는 것이 쉽지 않습니다. 특히 사업부장들이 기업의 전사적 목표달성을 위해 협력하기보다는 각자의 이익을 위해 서로를 견제할 때 그 문제는 더욱 심각해집니다. 사업부구조의 또 다른 문제는 인력을 효율적으로 관리하고 활용하기 어렵다는 것입니다. 경영기능별로 전문화된 부서가 존재하는 기능구조와는 달리, 사업부구조는 각 사업부 내 여러 경영기능들이 존재하기 때문에, 기업 전체적으로 볼 때 경영기능들이 중복된다는 문제가 있습니다. 가령 사업부A에도 인사팀이 있고 사업부B에도 인사팀이 있기 때문에 인사관리기능이

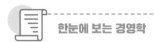
중복될 뿐만 아니라 해당 경영기능의 전문성이 발달하기 어렵습니다.

매트릭스구조는 조직이 한정된 자원을 가지고 복수의 목표들을 추구할 때 효과적입니다. 특히 그 자원이 희소한 인적자원일 때 매트릭스구조의 효과는 더욱 커집니다. 매트릭스구조를 채택한 대표적인 조직이 바로 미국항공우주국 나사(NASA)입니다. 우주개발에 참여할 수 있는 연구인력이 매우 희소하기 때문에, 나사는 여러 목표들을 동시에 달성하기 위하여 매트릭스구조를 최초로 채택한 바 있습니다. 이 구조의 특이점은 수직적 명령체계와 수평적 명령체계를 동시에 가져가는 데 있습니다. 다음 그림에서 한 명의 직원이 두 명의 상사로부터 명령을 받게 되는 구조를 볼 수 있습니다. 이것은 수직적 조정화의 '명령일원화 원칙'에 위배되는 것입니다. 그 결과로 매트릭스구조를 채택한 조직에서는 보고체계의 혼선과 내부 갈등이 심화될 가능성이 있습니다. 구성원이 명령을 받아야할 상사가 2명 이상인 상황에서, 만약 상사들이 상충되는 명령을 내릴 경우 구성원이 받는 혼란과 스트레스가 가중되는 것입니다. 또한 이 같은 문제를 해결하기 위해 잦은 미팅과 협의를 통해 조정을 시도한다면 이것이 오히려 구성원들의 피곤과 긴장을 높일 수도 있습니다. 결국 매트릭스구조는 한정된 인적자원을 보유한 조직이 2가지 이상의 목표들을 달성하려 할 때 적합하지만, 명령일원화 원칙이 깨어지면서 부서 간의 갈등과 대립, 조직 내부의 긴장과 구성원들의 스트레스 등과 같은 문제들이 발생할 수 있습니다.

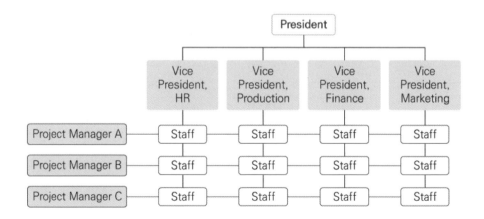

네트워크구조는 전통적인 조직경계를 넘어서는 수평적 조정과 협력을 강조합니다. 조직은 핵심역량인 경영기능에만 집중하고, 나머지 경영기능들을 다른 전문화된 기업에 아웃소싱(Outsourcing)하는 것입니다. 아래 그림에서는 기업이 제품개발과 마케팅에 초점을 맞추는 대신, 나머지 제조, 연구 및 실험, 마케팅, 정보화는 외부에 아웃소싱하고 있는 것을 볼 수 있습니다.

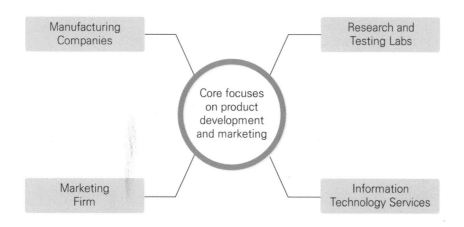

　　과거의 전통적인 기업들은 기획부터 개발, 제조, 판매까지 스스로 해냈다면, 오늘날에는 특정 기능에만 집중을 하고 나머지는 아웃소싱하는 기업들이 많아지고 있습니다. 즉 네트워크구조를 채택한 기업들이 증가하고 있는 것입니다. 이는 오늘날 정보통신기술의 급격한 발전과 맥락을 같이 합니다. 주요한 경영기능들을 아웃소싱할 경우 잠재적 문제는 해당 기능을 맡은 외부 기업들이 그 기능을 제대로 수행하는지를 감시하기가 어렵다는 점에서 발생합니다. 만약 원재료 가공을 맡은 외부 기업이 원가를 절감하기 위해서 부실한 원재료를 사용하거나, 주문한 제품의 인도시기를 지키지 않는 등의 문제가 발생하면 그 피해를 고스란히 아웃소싱의 주체가 떠안게 되는 것입니다. 과거의 기업들은 이 문제를 해결하기 위해서 기업 간 계약을 강화하거나 외부 기업을 인수함으로써 수직계열화를 이루는 방식을 택했지만, 이 경우 계약비용이나 운영비용이 증가하는 또 다른 문제가 발생합니다. 하지만 오늘날 정보통신기술이 고도화되면서 외부 기

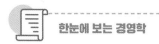

IKEA value chain

Design → Ship and warehouse → Sell-retail or catalogue

Parts — Assembly

Outsource to contract mfg　　Outsource to customer

Delivery

Outsource to customer

• 이케아는 대표적인 네트워크형 조직입니다. 전통적인 가구회사들은 목재가공에서부터 제품인도까지 모든 경영활동을 스스로 수행했지만, 이케아는 몇몇 경영기능을 제외하고는 모두 아웃소싱을 통해서 경영활동을 수행합니다. 특히 이케아는 디자인에 역량을 집중시키는 대신 부품공급은 외부기업들에게, 제품조립은 고객들에게 아웃소싱하는 전략을 채택하고 있습니다. 이렇게 함으로써 부품을 가공하고 조달하는 과정에서 발생하는 비용을 낮추고, 조립과 배송을 직접 수행할 때 발생하는 비용을 절감함으로써 제품의 낮은 가격을 유지할 수 있게 된 것입니다.

업들의 경영활동을 실시간으로 감독할 수 있게 되었고, 이는 기업들이 핵심역량에 집중하고 다른 경영기능들을 아웃소싱하는 네트워크구조의 확산이라는 변화로 이어지고 있는 것입니다.

4. 조직설계의 고려요인

경영자는 조직을 설계할 때 다음의 요인들을 고려해야 합니다. 먼저 환경적 요인을 고려해야 합니다. 안정적인 환경에서는 내부 위계가 뚜렷하고 규칙이 많은 기계적 조직구조가 적합합니다. 반면 변동성이 높은 환경에서는 빠른 의사결정이 요구되기 때문에 수평적이고 규칙이 적은 유기적 조직구조가 적합합니다. 다음으로 전략적 요인을 고려해야 합니다. 예를 들어, 기업이 비용우위전략을 실행하기 위해서는 내부 효율성을 높여야 합니다. 즉 제품의 생산비용을 줄이기 위해 구성원들에 대한 통제력을 강화해야 하는 것입니다. 이 경우에는 기계적인 조직구조가 적합합니다. 하지만 혁신을 통한 차별화전략을 추구하는 기업은 의사결정 권한을 유연하게 배분한 조직으로 설계를 해야 합니다. 이처럼 전략과 구조의 적합성이 높아야 성과가 개선되기 때문에 경영자는 조직설계 시 전략적 요인도 고려해야 합니다. 세 번째로는 기술적 요인과 규모를 고려해야 합니다. 기술이 주문양복과 같은 단위생산에서 자동차와 같은 대량생산으로 갈수록 더 많은 하부 관리자들이 필요하게 됩니다. 그런데 정유·화학과 같은 연속생산에서는 필요한 관리자들의 수가 오히려 감소하게 됩니다. 연속생산에서는 모든 공정이 기계화되어서 중앙시설만 관리하면 되기 때문에 많은 관리자가 필요하지 않은 것입니다. 또한 조직의 규모가 증가할수록 중간관리자들과 스태프들, 그리고 규제와 규칙의 수도 증가하기 때문에 조직설계 시 반드시 규모를 고려해야 합니다.

나가며

오늘날에는 기업들의 비즈니스 모델과 상호작용 방식이 복잡해지면서 새롭고 다양한 형태의 조직구조들이 나타나고 있습니다. 특히 기업들은 급변하는 경쟁환경에 대응하기 위해 유연성과 속도를 고도화하는 애자일(Agile)조직을 추구하고 있으며, 이를 위해 계층과 부서 간 경계를 허물고 팀 중심의 과업수행체계를 구축하고 있습니다. 또한 구성원들이 다양한 역할들을 동시에 수행할 수 있도록 선발과 훈련을 고도화하는 작업도 수행하고 있습니다. 하지만 이 같은 변화들에도 불구하고 조직구조가 여전히 기업경영의 핵심이라는 것에 대해서는 이견이 없습니다. 조직구조는 구성원들이 과업을 수행하고 의사소통하는 방식을 규정함으로써 기업의 경영활동뿐 아니라 조직문화 형성에도 큰 영향을 미치기 때문입니다. 정보통신기술의 발달은 네트워크구조와 같이 조직의 기존 가치사슬을 해체하는 것처럼 보이지만, 이는 동시에 전통적인 조직구조의 단점을 보완하고 효율성을 개선할 수 있다는 것을 의미하기도 합니다. 앞으로 조직구조는 다양하게 변화하고 진화할 것이지만, 조직이 존재하는 한 조직구조의 중요성과 그 역할에는 변함이 없을 것입니다.

토의

01 수직적 조정화의 관리영역(Span of Control)을 넓히는 것과 좁히는 것의 장단점에 대하여 논의해봅시다.

02 사업부구조에서 각 사업부장은 사업부 성과에 초점을 맞춘 경영활동을 수행하게 됩니다. 이때 기업의 전체 경영활동을 총괄하는 CEO의 역할은 무엇일까요?

03 매트릭스구조의 이중보고체계에서 비롯되는 내부 갈등과 대립, 긴장과 같은 문제를 해결하기 위한 방법에 대해 논의해봅시다.

04 유연성과 속도를 고도화하는 애자일(Agile)조직을 실현하기 위해서는 기존 부서들의 경계를 허물고 팀 중심의 활동체계를 구축해야 합니다. 이 과정에서 어떤 장애요인들이 있을까요? 극복방법에 대해서도 논의해봅시다.

한눈에 보는
경 영 학

CHAPTER
05

조직문화

CHAPTER
05

조직문화

들어가며

조직문화는 눈에 보이지 않지만 실재하는 개념입니다. 학창시절을 떠올려보면 학급마다 문화가 달랐던 것을 기억할 수 있습니다. 문화는 학교마다 다르기도 하고 국가마다 다르기도 합니다. 기업의 경우도 이 같은 문화 차이가 나타납니다. 가령 삼성을 생각하면 꼼꼼하고 철두철미하고 세련된 이미지를 떠올리게 됩니다. 현대를 생각하면 남성적이고 도전적인 이미지를 떠올리게 됩니다. 이런

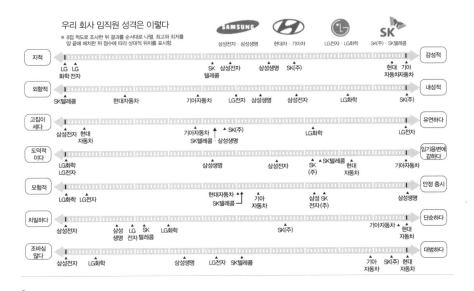

위 그림은 국내 대기업 직원들을 대상으로 '우리 회사 임직원 성격은 이렇다'라는 설문조사를 수행한 응답결과입니다. 직원들의 성격이 그룹사별로 다르게 나타나는 것을 알 수 있지만, 같은 그룹사 내에서도 차이가 나타남을 알 수 있습니다. 기업 고유의 조직문화도 있지만 업종에 따라 각기 다른 조직문화가 형성되기 때문입니다.

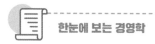

이미지도 조직문화의 요소 중 하나라고 볼 수 있습니다. 조직문화는 기업의 성과와 구성원들의 만족도에 지대한 영향을 미친다는 점에서 중요합니다.

1. 조직문화의 정의와 기원

조직문화란 조직 내 구성원들에 의해 공감되고 있는 사고방식과 작업처리방법에 대한 공통 규범을 말합니다. 기업에서 어떤 가치가 중요하고, 어떤 방식으로 일하고, 어떻게 사고하는지에 대해 구성원들이 합의하고 있는 것이 조직문화입니다. 국내 대기업들을 대상으로 여러 컨설팅 서비스를 제공했던 한 컨설턴트는 자신이 경험한 기업의 조직문화에 대해 다음과 같이 말합니다. 퇴근 직전에 상사가 업무를 지시하면서 다음 날 아침 8시까지 보고서를 올리라고 하면 부하직원의 대응이 기업별로 다르다는 것입니다. A사의 경우 지시를 받은 직원은 야근을 하면서 밤새 보고서를 다 쓰고 아침 8시에 회의실에 미팅준비까지 다 마칩니다. B사의 경우 직원이 상사한테 전화해서 이 업무를 수행하기 어려운 이유에 대해 설명합니다. C사의 경우 직원도 퇴근을 해버리고 업무를 지시한 상사도 그 일을 잊어버립니다. 실제 업무를 수행할 때 기업별로 이 같은 차이가 나타나는 것은 바로 조직문화가 다르기 때문입니다.

그렇다면 이 조직문화는 어떻게 형성되는 것일까요? 조직문화는 우연히 발생하기도 하고 경영진이 의도적으로 배양하기도 합니다. 조직에 사람들이 모이다보니 자연스레 공통의 가치와 신념이 공유되기도 하고, 또 경영진이 어떤 방향성을 가지고 특정한 가치를 강조하다보니 조직문화가 그 방향으로 발달할 수 있는 것입니다. 기업의 조직문화가 지속되기 위해서는 몇 가지 조건들이 필요합니다. 첫째로 조직문화가 기업의 경영활동의 균형과 활성화에 기여해야 합니다. 기업의 성공적인 경영활동에 기여하는 조직문화만이 지속될 수 있는 것입니다. 둘째로 조직문화가 모든 구성원들에게서 공유되어야 합니다. 조직의 특정 계층이나 부서에서만 공유되는 문화가 아닌, 모든 계층의 구성원들이 공감하고 받아들이는 문화가 지속됩니다. 셋째로 조직문화에 인재육성에 대한 가치가 담겨져 있어야 합니다. 조직이 중요시하는 핵심가치를 내재화하는 인재를 선발하고 훈련해야 조직문화가 지속될 수 있습니다. 마지막으로 조직문화의 보편성과 세계화가 조화되어야 합니다. 보편적인 사회규범에 반하지 않고 개방성과 다양성이 스며든 조직문화가 세계화 시대에도 지속될 수 있습니다.

2. 조직문화의 구성요소

조직문화의 구성요소는 크게 상징(Symbol), 일화(Story), 의례(Ceremony)와 의식(Ritual)으로 구분할 수 있습니다. 먼저 상징은 조직의 존재 이유나 사업의 목적 등을 담아내고 있습니다. 상징의 대표적인 예로는 기업 로고가 있습니다. 실제로 기업들은 로고를 만들기 위해서 수백억의 돈을 투자하기도 합니다. 나이키의 '승리의 여신의 날개', 벤츠의 '삼각별'은 훌륭한 기업 로고의 예입니다. 조직문화의 두 번째 구성요소는 일화입니다. 기업의 일화는 그것이 사실이든 아니든 어떤 의도된 가치를 창출하기 위한 이야기입니다. 일화는 조직문화를 대변하는 간접적인 수단으로서 기능합니다. 가장 대표적인 것이 현대그룹의 창업주 정주영회장의 거북선 일화입니다. 정주영회장이 국내 최초의 조선소를 세우기 위해 영국에 차관을 빌리러 방문했다가, 문전박대 중에 겨우 투자은행 바클레이

•
아마존의 로고의 화살표는 a에서 z로 향하고 있는데, 이는 아마존이 세상의 모든 제품들을 갖추고 있다는 의미를 담고 있습니다. 베스킨라빈스는 31일 쉬지 않고 아이스크림을 판매한다는 영업전략을 반영하는 기업 로고를 만들었습니다. 이처럼 기업 로고에는 기업의 철학과 비전, 그리고 경영전략 등이 반영되어 있습니다.

(Barclays)회장을 만났습니다. 바클레이 측에서 투자가치를 부정적으로 평가하던 중에 정주영회장이 당시 지폐에 그려져 있던 거북선을 보여주면서 "우리나라가 이미 오래전부터 철갑선을 만들던 조선강국이다"라는 말을 했는데, 이것이 바클레이회장을 설득하여 투자유치에 성공했다는 일화입니다. 이 일화에 담겨진 가치는 무엇일까요? '세상에 불가능한 것은 없다, 도전하면 되지 않는 것이 없다'라는 것입니다. 삼성그룹의 경우에도 유명한 일화가 있습니다. 이건희 회장이 유럽에 방문했다가 삼성전자에서 만든 전자제품에 먼지만 쌓여있는 것을 보고 다 모아서 불태우라고 지시했다는 일화가 있습니다. 이 일화는 삼성 특유의 완벽주의와 품질 우선주의에 대한 가치를 반영하고 있는 것입니다. 마지막으로 의식과 의례는 기업의 문화와 핵심 가치가 담겨진 계획된 활동입니다. 일반적으로 기업들이 실시하는 신입사원 교육, 워크숍의 단체활동이나 구호와 노래 같은 것들이 의식과 의례에 속한다고 볼 수 있습니다.

3. 조직문화의 유형

조직문화는 우의적 문화와 시장적 문화라는 2가지가 유형이 있습니다. 먼저 우의적 문화는 장기적 관계를 바탕으로 하며 높은 수준의 사회화 과정을 요구하는 조직문화입니다. 우의적 문화를 가진 조직에서는 구성원들의 유대감과 자부심이 강하고 서로 간의 의존도가 매우 높게 나타납니다. 또한 조직문화의 통일성이 높은 편이며 조직의 규범을 준수해야 하는 압력이 구성원들에게 강하게 주어집니다. 우의적 문화는 우리나라 대기업들에서 흔하게 발견할 수 있습니다. 신입사원 연수나 워크숍을 통한 사회화 과정이 강하게 나타나며, 업무뿐만 아니라 점심식사도 부서단위로 하고 회사에 대한 구성원들의 자부심이 강하게 표출됩니다. 혼자 일하기보다는 협력을 통해서 일하다보니 상호의존도도 높게 나타납니다. 개인 입장에서는 회식자리나 주말 단체활동에 불참하기가 어려운데, 이는 규범준수에 대한 압력이 강하게 주어지는 우의적 문화의 특징을 보여줍니다.

반면 시장적 문화는 계약적 관계를 바탕으로 하며 독립심과 개인주의가 강하게 나타나는 조직문화입니다. 시장적 문화를 가진 조직에서는 인간관계가 느슨한 편이며, 업무도 협력을 많이 요구하지 않습니다. 우의적 문화와는 달리 조직문화가 통일되지 않고 파편화되어서 같은 회사 내에서도 부서마다 규범이나 행동방식이 상이하게 나타납니다. 조직의 규범을 꼭 따라야 한다는 그런 압력도 거의 주어지지 않습니다. 주로 외국계 기업들에서 시장적 문화가 두드러지게 나타납니다. 일반적으로 외국계 기업에서는 점심식사도 혼자 하며 사생활에 관심을 가지거나 간섭하는 것을 부정적으로 보는 편입니다. 또한 평생직장이라는 개념이 없어서 구성원들은 이직을 빈번하게 하며, 업무를 성과 자체로만 평가하며 조직에 대한 충성도는 중요하게 보지 않습니다.

이처럼 조직문화는 우의적 문화와 시장적 문화 두 유형으로 분류할 수는 있지만, 그 안에서 세부적으로도 유의미한 차이를 가질 수 있습니다. 창업자의 경영철학, 경영자의 핵심가치, 기업의 경영전략, 노사관계 등에 따라 다양한 형태의 조직문화들이 나타나는 것입니다. 이 중 어떤 조직문화가 이상적이라고 말할 수는 없습니다. 개인의 입장에서는 자신의 성격이나 특성에 맞는 적합한 조직문화가 존재할 수 있습니다. 예를 들어, 소속욕구가 강한 개인에게는 우의적 문화가 적합하며, 자율성이 중요한 개인에게는 시장적 문화가 적합할 수 있습니다. 또한 장기적 관계를 바탕으로 가족 같은 문화를 선호하는 개인에게는 우의적 문화가 잘 맞을 수 있지만, 단기적 관계를 기반으로 능력중심의 직장생활을 추구하는 개인에게는 시장적 문화가 적합할 수 있습니다.

4. 조직문화의 변화

조직문화는 자연적으로 발생하기도 하지만 경영자의 의도하에 형성되기도 합니다. 조직문화의 형성 초기에는 어떤 구성원들이 유입되며 경영진이 어떤 방향성을 가지고 조직문화를 의도적으로 이끌어 가느냐에 따라 조직문화는 지속적으로 바뀔 수 있습니다. 이후 구성원들이 서로 동형화되고 조직이 외부적으로도 성공을 거두기 시작하면 조직문화는 정당화되고 합리화되어 안정적으로 재

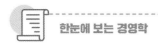
생산되기 시작합니다. 따라서 조직이 오래될수록, 조직이 큰 성공을 거둘수록 조직문화는 변화하기 어려운 것이 되는 것입니다. 구성원 중 누군가가, 특히 경영자가 조직문화를 바꾸려고 하면 기존 조직문화에 익숙한 구성원들이 새로운 조직문화에 저항하거나 거부할 가능성이 높으며, 기존 조직문화 하에서 거둬온 과거의 성공에 대한 애착과 관성으로 인해 경영진의 지속적인 노력 없이는 다시 원점으로 돌아가기 때문입니다.

그렇다면 조직문화는 어떻게 변화할 수 있을까요? 먼저 조직의 생산·판매활동에 영향을 미치는 경영환경 자체가 바뀌어버리면 조직문화도 변화해야 합니다. 예를 들어, 전 세계적인 환경규제 강화는 자동차 회사들을 크게 변화시키고 있습니다. 기업들은 내연기관 개발에 대한 투자를 축소하고 친환경 자동차 개발에 박차를 가하고 있습니다. 대표적인 친환경 자동차인 전기자동차는 기존 내연기관 자동차와는 부품의 수나 종류가 완전히 다르다보니, 만약 기업들이 주력제품을 전기자동차로 전환하게 되면 기존 인력들을 대거 해고해야 하는 상황에 직면하고 있습니다. 이는 곧 조직 내부의 문화에도 급격한 변화가 일어나야 한다는 것을 의미합니다. 또한 코로나 팬데믹으로 인한 언택트 경제의 확대는 조직들의 경영활동을 근본적인 수준에서 변화시키고 있을 뿐만 아니라, 구성원들이 생각하고 행동하는 방식인 조직문화에도 큰 변화를 일으키고 있습니다.

하지만 조직이 새로운 전략을 실행하기 위해서 자발적으로 변화를 시도하는 경우도 있습니다. 이 경우 조직은 새로운 전략을 효과적으로 실행하기 위해 조직의 구조뿐만 아니라 조직문화의 변화도 시도하게 되는 것입니다. 스티브잡스가 돌아온 이후의 애플은 이 같은 조직문화 변화의 대표적인 사례입니다. 당시 애플은 모든 전자제품을 취급하던 종합전자회사로서의 성격이 강하게 나타났지만, 스티브잡스는 복귀하자마자 원래의 애플로 돌아가야 한다고 주장하면서 컴퓨터를 제외한 모든 사업에서의 철수를 결정했습니다. 당시 애플의 조직문화는 비용절감과 내부 효율성 강화에 초점을 맞추었지만, 스티브잡스는 비전과 혁신을 추구하는 애플 초기의 조직문화를 부활시키는 데 초점을 맞춘 작업들을 내부적으로 수행하였고, 이는 오늘날 애플이 큰 성공을 거두는 데 밑거름이 되었습니다. 우리나라에서는 두산그룹의 변화가 대표적인 예입니다. 원래 두산그룹의 전신은 오비맥주로 식음료업이 주력이었는데, 1996년부터 글로벌 기업 도약을 목표로 사업 구조조정을 실시하면서 대대적인 변화를 맞이하게 됩니다. 그룹의 실적을 견인하던 소비재 사업과 결별하고 중공업 중심으로 사업을 재편한 것입니다. 그에 따라 영업관리와 점유율 확대를 추구하는 통제중심의 조직문화가 혁신적 기술과 도전정신을 강조하는 조직문화로 바뀌게 되었습니다. 경영전략의 변화 외에 기술발전, 구성원들의 태도와 행동 변화도 조직문화 변화의 내부적인 계기가 될 수 있습니다. 생산시설의 기계화 비율을 높이려는 기업은 대규모 인력구조조정에 나서게 되고, 이는 기존 조직문화의 큰 변화를 초래하게 됩니다. 또한 구성원들이 직무불만족으로 인하여 이직을 많이 하게 되면 기업은 구성원들의 만족도를 높이기 위한 새로운 조직문화를 도입할 수 있습니다.

조직문화가 변화하려면 조직 내 누구의 역할이 중요할까요? 애플과 두산그룹의 예처럼 경영자의 역할이 가장 중요하다고 볼 수 있습니다. 조직변화는 수동적 조직변화와 계획적 조직변화로 구분할 수 있습니다. 수동적 조직변화는 외부로부터 주어지는 변화가 야기하는 특정한 문제를 해결하기 위해 부분적 수정을 가하는 것을 말합니다. 최근 환경규제에 대응하는 자동차 회사들이 여기에 해당된다고 볼 수 있습니다. 반면 계획적 조직변화는 시간과 자원을 투자하여 계획적으로 조직변화를 시도하는 것을 말합니다. 이때 발생하지 않은 문제도 다루게 되는 것이 특징입니다. 앞서 예를 들었던 두산그룹이 여기에 해당됩니다. 조직문화의 변화는 계획적 조직변화의 한 형태이기 때문에 경영자의 역할이 두드러지게 나타난다고 볼 수 있습니다. 경영자가 계획적으로 조직문화를 변화시키기 위해서는 먼저 변화담당자를 세우는 것이 중요합니다. 조직 내 어떤 부서나 집단을 변화담당자로 세우게 되는데, 이 변화담당자는 변화과정을 관리하는 권한과 책임을 부여받게 됩니다. 경우에 따라서는 외부 전문가를 변화담당자로 임명할 수도 있습니다. 문제는 조직변화를 시도할 때 견제세력이 나타난다는 것입니다. 특히 조직이 오래되고 과거에 많은 성공을 거둘수록 변화에 대한 저항은 강하게 나타납니다. 여기서 경영자가 변화담당자를 위시한 변화추진세력을 강화하게 되면 견제세력의 저항력도 강화되어서 조직변화의 효과가 감소하거나 역효과가 일어날 수 있습니다. 대표적인 견제세력으로는 노동조합이 있습니다. 만약 현대자동차가 친환경차 시대에 대비해서 대규모 인력구조조정을 실행하려 한다면 노동조합은 당장 파업으로 대응할 것입니다. 여기서 경영자가 변화추진세력을 강화하게 되면 노사분규는 더욱 심화될 것이며, 파업은 장기화되어 생산활동이 중단된 상태로 기업의 손실만 커지게 될 것입니다. 따라서 계획적으로 조직변화를 시도할 때 중요한 것은 일방적으로 변화를 밀어붙이기보다는 경영자가 직접 개입을 해서 저항의 정도를 줄이는 것입니다.

경영자의 개입은 크게 세 가지 단계인 해빙(Unfreezing), 변화(Changing), 재동결(Reinforcement)로 이뤄집니다. 해빙은 조직변화의 필요성을 명백히 밝혀서 이를 구성원들이 인식하고 수용하게 만드는 것입니다. 변화는 동일화와 내면화를 통하여 구성원들이 새로운 가치, 태도, 행동을 형성하도록 유도하는 것입니다. 재동결은 구성원들이 새로운 행동양상을 유지하고 정착하도록 하는 것입니다. 여기서 재동결이 가장 어려운 과제인데, 이는 지속적인 노력 없이는 구성원들이 과거의 행동양상으로 되돌아가는 관성을 가지기 때문입니다. 아래 그림은 계획적 조직변화가 일어나는 과정을 보여주고 있습니다.

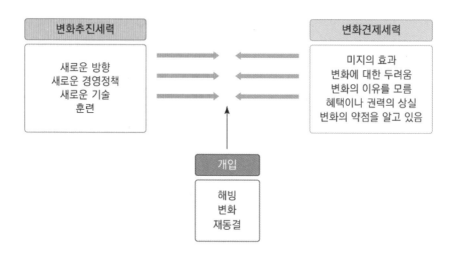

먼저 변화추진세력이 새로운 방향으로 새로운 경영정책을 시행하고 새로운 기술을 도입하며 이를 위한 훈련을 실시하게 되면, 그에 대한 반작용으로 변화

견제세력이 나타나게 됩니다. 이들이 변화에 저항하는 이유는 4가지입니다. 첫째는 이 변화가 어떤 효과가 있는지 모르기 때문이며, 둘째는 변화 자체에 대한 두려움 때문입니다. 셋째는 왜 변화를 시도하는지 그 이유를 정확히 모르기 때문이며, 넷째는 변화가 현재 누리고 있는 혜택을 감소시키거나 권력을 상실시키기 때문입니다. 추가적으로 관계자들이 시도되고 있는 변화의 약점을 알고 있는 경우에도 저항은 일어날 수 있습니다. 이 경우 경영자와 변화담당자가 간과하고 있는 점을 관계자들이 알고 있기 때문에 이들을 변화과정에 참여시킬 필요가 있습니다. 경영자는 개입을 통해서 해빙, 변화, 재동결 순으로 변화가 잘 일어나도록 관리해야 합니다. 계획적 조직변화가 성공적으로 이뤄지기 위해서는 무조건적인 추진보다 개입을 통한 견제세력과의 협의와 대화가 필수적이라는 것입니다.

나가며

지금까지 조직문화의 개념과 구성요소, 그리고 조직문화의 유형과 변화에 대해 알아보았습니다. 많은 경영학자들이 조직문화의 중요성과 그 영향력을 인정하지만, 그 실체에 대해서는 의문을 갖는 경영학자들도 있습니다. 조직문화가 조직의 핵심가치나 분위기와 명확하게 구별될 수 있는 개념인가에 대한 의문이 그것입니다. 하지만 우리가 앞에서 살펴보았듯 기업이 지향하는 고유의 가치에 따라 구성원들의 행동양식과 태도가 다르게 나타나는 것은 사실이며, 이것을 많은 경영학자들과 기업가들이 조직문화의 차이로 인식하고 있습니다. 즉 조직문화는 그 개념과 기원, 그리고 유사한 조직개념들과의 차별점이 모호하지만, 그것이 조직과 구성원들에게 미치는 영향은 분명히 실재한다는 것입니다. 사우스웨스트항공(Southwest Airlines)과 피플익스프레스항공(People Express Airlines)은 조직문화의 중요성을 보여주는 대표적인 예입니다. 두 항공사는 미국의 항공규제가 완화되기 시작한 1970년대 이후에 설립되었고, 국내선 중심의 비즈니스에 저비용 전략으로 뛰어들었습니다. 두 회사가 같은 전략으로 같은 시장에 뛰어들었지만 결과는 매우 달랐습니다. 사우스웨스트항공은 현재 세계 3위의 항공사로

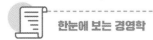

서 가장 존경 받는 기업 중 하나가 되었지만, 피플익스프레스항공은 대형 항공사들의 공세를 이기지 못하고 수익성이 악화되어 1987년에 도산하고 말았습니다. 두 회사의 명암을 달리한 차이는 바로 조직문화에 있습니다. 사우스웨스트항공의 허브 켈러허(H. D. Kelleher) 회장은 즐거움(Fun)과 경영(Management)을 합성한 '퍼니지먼트(Funagement)'를 추구하면서 유머를 강조하는 조직문화와 관행을 사내에 구축했습니다. 이것이 직원들의 소속감과 유대감을 증진시켜 고객들에 대한 긍정적인 태도를 불러일으켰고, 결과적으로 사우스웨스트항공의 장기적인 성공에도 기여하게 된 것입니다.

토의

01 기업이 고유한 조직문화를 형성하는 과정에서 창업자의 역할이 매우 중요합니다. 창업자는 어떤 방식으로 조직문화에 영향을 미칠 수 있을까요?

02 우의적 문화와 시장적 문화 중 어떤 유형의 조직문화가 오늘날의 경영환경에 적합한 것인지 논의해봅시다.

03 기업이 조직문화를 변화시키기 위하여 내부인과 외부인 중 누구를 변화담당자를 임명하는 것이 더 효과적일까요? 각각의 장단점에 대하여 논의해봅시다.

한눈에 보는
경 영 학

CHAPTER

06

인적자원관리

CHAPTER
06

인적자원관리

들어가며

기업의 경영기능에는 인적자원관리, 마케팅, 생산관리, 회계·재무관리 등이 있습니다. 기업에서 이 기능들은 부서화되어 경영활동을 직접 수행할 뿐만 아니라 타부서의 경영활동을 지원하는 역할을 합니다. 마치 인체의 각 장기가 고유한 기능을 가지고 있어 모든 장기들이 있어야 인체가 제구실을 하듯, 기업도 모든 경영기능들이 제대로 수행되어야 정상적인 경영활동을 수행할 수 있습니다. 물론 네트워크구조처럼 일부 경영기능만을 가지고도 운영될 수 있는 조직들이 최근에는 증가하고 있지만, 일반적인 기업은 경영기능들이 모두 존재하며 상호 간에 긴밀한 협력관계를 맺고 있습니다. 이 장에서는 첫 번째 경영기능으로서 인적자원관리에 대하여 알아보겠습니다.

1. 인적자원의 중요성

인적자원관리는 영문으로 'Human Resource Management'라고 합니다. 여기에는 사람을 자원의 한 유형으로 보고 효과적으로 관리하여 기업의 경쟁력을 강화할 수 있다는 의미가 있습니다. 앞서 '경영학의 역사'에서는 과학적 관리법이 지배적이던 시대가 있다고 설명했습니다. 이 시대에는 생산성 증가의 관건이 과업수행환경의 효율적 설계에 달려있다고 보았기 때문에 인적자원의 중요성은 미미했습니다. 하지만 호손실험을 계기로 사람들의 심리적 만족감이나 비공식적 관계의 중요성을 발견하게 되었고, 이것이 인적자원의 중요성을 부각시키는 계기가 되었습니다.

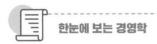

인적자원의 중요성은 크게 3가지 관점에서 살펴볼 수 있습니다. 첫째로 개인의 존엄성을 강조하는 관점이 있습니다. 이 관점은 인간은 주체적이며 자발적인 존재이기 때문에, 인적자원관리는 구성원들의 동기부여와 자아실현에 초점을 맞추어 이뤄져야 한다고 봅니다. 두 번째 관점은 인적자원이야말로 기업의 가장 가치 있는 자원이라고 봅니다. 기업의 지속가능한 경쟁우위의 원천이 되는 자원은 그 자체로 가치가 있어야 하고 모방이 불가능해야 하며 대체될 수 없고 희소해야 합니다. 인적자원은 이러한 특성을 고루 갖춘 자원이기에 인적자원을 확보하고 개발하며 유지하는 것이 기업에서 가장 중요한 기능이라는 것입니다. 세 번째 관점은 기업이 성공적으로 경영활동을 수행하기 위해서는 인적자원에 기업의 경영철학과 핵심가치가 반영되어야 한다고 봅니다. 이 관점에서 인적자원관리는 단순히 기업 내 여러 경영기능들 중 하나가 아닌, 기업이 비전을 수립하고 경영전략을 설정하는 단계에서부터 고려해야 할 근본적이며 결정적인 경영기능이라고 볼 수 있습니다.

2. 인적자원관리의 내용

인적자원관리는 크게 6가지 부분으로 나누어서 살펴볼 수 있습니다. 먼저 '인적자원의 계획과 충원'에서는 기업이 우수한 인적자원을 확보하는 과정을 다루고, '인적자원의 유지와 활용'에서는 기업이 확보한 인적자원을 배치하는 방법을 다룹니다. 다음으로 '인적자원의 개발'에서는 기업이 인적자원의 능력을 배양하고 개발하기 위한 방법들을 다루고, '보상관리'는 기업이 인적자원에게 제공하는 보상의 유형과 특성을 다룹니다. '노사관계'에서는 노동조합의 역할과 기능, 노사관계의 유형과 기업의 대응을 다루고, '전략적 인적자원관리'에서는 기업의 경영전략과 연계되는 전사적 인적자원관리를 다룹니다.

(1) 인적자원의 계획과 충원

① 인적자원계획(Human Resource Planning)

인적자원계획이란 기업 내외부의 환경변화와 사업계획을 고려하여 필요인력을 확보하기 위한 조치를 확정하는 것입니다. 기업은 우수한 인재를 확보해야 하는 동시에 적합한 인재를 확보해야 합니다. 기업이 아무 때나 원한다고 해서 인재를 확보할 수는 없기 때문에 상시 내부인력을 점검하고 계획을 세워서 확보하는 것이 중요합니다. 예를 들어, 대기업의 경우 신입사원이 적게는 수백 명에서 많게는 수천 명에 달하며, 인력확보가 퇴직자계획과도 긴밀하게 연관되어 있습니다. 기업은 인력확보를 할 때 필요인력과 함께 회사를 나갈 인력을 고려해야 신입사원을 정확히 얼마나 선발해야 할지도 결정할 수 있는 것입니다.

인적자원계획을 수립하는 과정은 다음과 같습니다. 먼저 필요인력은 경영목표와 전략에서부터 정해집니다. 기업의 경영목표와 전략에 따라 필요한 인적자원의 질과 양을 결정해야 하는 것입니다. 다음으로 기존인력을 파악해서 요구되는 기술이나 능력 등을 검토해야 합니다. 현재 몇 명의 인력이 있고 어디에서 더 필요하며 어디에서 더 줄여야 하는지, 각종 자격증이나 외국어 능력, 언어 능력 등은 어떤 수준인지를 파악해야 합니다. 마지막으로 필요인력과 기존인력의 차이가 발생하면 그 차이를 메꾸기 위해서 인적자원을 충원할 계획을 수립하게 되는 것입니다. 필요인력보다 기존인력이 더 많다면 인력을 선발하지 않고 구조조정을 해야 합니다. 반대로 필요인력이 기존인력보다 더 많다면 추가인력을 선발해야 합니다. 다음 그림은 인적자원계획 과정을 도식화한 것입니다. 수요분석은 기업에 인력이 얼마나 더 필요한지를 파악하는 것입니다. 경영계획에서는 경영목표와 전략을 고려하여 필요인력의 수요를 예측합니다. 공급분석은 기업의 현재 인력 수준을 파악하는 것이며 기술목록을 토대로 가용인력의 공급현황을 진단하게 됩니다. 최종적으로는 필요인력수요와 가용인력공급을 비교한 다음, 필요인력수요가 더 많으면 인력을 충원하는 계획을 세우고, 비슷하다면 교육훈련 또는 기존인력을 재배치하게 되며, 가용인력이 더 많으면 감원을 실시하게 됩니다. 감원의 예로는 일시해고, 조기퇴직, 신규인력 채용중단 등이 있습니다.

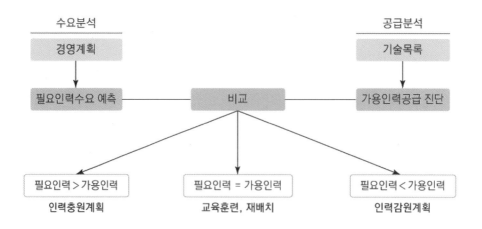

② 직무분석(Job Planning)

인적자원계획을 수립할 때 가장 중요한 것은 직무분석입니다. 직무분석을 통하여 인적자원이 수행할 과업이 무엇이며 책임소재는 어떻게 되는지, 직무 간 관계는 어떻게 되며 해당 직무에 필요한 개인능력은 무엇인지, 직무환경은 어떤 것이 있는지를 사전에 철저하게 규명해야 합니다. 직무분석에는 직무기술서(Job Description)와 직무명세서(Job Specification)가 있습니다. 직무기술서는 직무의 내용, 구체적 의무와 책임 및 작업조건 등 직무 그 자체와 관련된 정보가 담겨져 있습니다. 직무명세서는 직무수행에 가장 적합한 사람의 유형을 기록한 문서로서, 교육정도, 기능, 경험 등 인적 특성을 기록하고 있습니다. 이 두 가지를 구분하는 것이 중요합니다. 전자는 직무에 대한 것이라면 후자는 인적자원에 대한 것으로 구별할 수 있습니다. 직무분석을 하고 나면 직무평가를 해야 합니다. 직무평가는 직무의 상대적 가치를 비교하고 분석해서 임금을 결정하는 데 사용됩니다. 직무평가에는 4가지 방식이 있는데, 먼저 서열법은 평가요소를 정해놓고 직무의 가치를 비교하여 순서대로 서열을 내서 임금을 결정하는 방식입니다. 다음으로 분류법은 평가요소를 정하고 등급을 만들어서 임금을 결정하는 방식이며, 점수법은 전체 점수를 기준으로 임금을 결정하는 방식입니다. 마지막으로 요소비교법은 직무의 요소별로 비교하여 임금을 결정하는 방식으로 정확성이 높지만, 직무의 수가 많을 경우 복잡하다는 단점이 있습니다.

채용분야	한국관광공사 체험형 인턴	분류 체계	대분류	02. 경영 · 회계 · 사무	
			중분류	01. 기획사무	02. 총무 · 인사
			소분류	3. 마케팅	3. 일반사무
			세분류	01. 마케팅 전략기획	02. 사무행정
주요사업				• 한국관광공사는 "모두가 행복한 관광을 만들어 나가는 국민기업"으로 외래 관광객 유치, 국내 및 지방관광 활성화, 관광수용 태세 개선, 관광전문인력 양성 등 다양한 사업을 수행하고 있음.	

핵심책무				• 아래 사업에 대한 지원 및 보조 업무 수행
				  －국내 · 외 관광마케팅(세분류 마케팅전략기획의 7개 능력단위 모두 해당)
				  －관광수용태세 개선	

직무수행
내용
				• 아래 사업에 대한 지원 및 보조 업무를 수행함
				  －(관광마케팅) 외래관광객을 국내에 유치하고 한국관광 브랜드를 강화하기 위해 국내 · 외 홍보마케팅, 관광상품 및 소재개
				    발, 마케팅 콘텐츠 생성 및 공유, MCE 유치 및 개최지원 등
				  －(관광수용태세 개선) 관광산업 활성화 기반을 강화하고 관광 전문인력을 양성하기 위해 숙박 · 음식 · 쇼핑 · 교통 여건 개선,
				    지자체 대상 관광개발 컨설팅, 관광벤처 창업지원, 관광인력 대상 교육훈련 실시, 관광 관련 기초 조사사업 실시 등
				  －(사무행정) 관광마케팅 및 관광수용태세 개선 사업 수행에 발생하는 제반적인 사무행정, 부서 운영지원, 인원관리 등	

필요지식				• 마케팅 관련 지식, 상품기획 관련 지식, MCE 기획 관련 지식, 브랜드관리 관련 지식 • OA활용 지식 등	
필요기술				• 외국어 활용능력, 시장 · 환경분석 기술, 커뮤니케이션 및 관계구축 능력, 스프레드시트 활용능력, 간략한 보고서 작성 능력	
직무수행 태도				• 고객지향적인 태도, 원활한 의사소통이 가능한 개방적인 태도, 외부에 대한 협업적인 태도, 윤리의식 등	
필요자격				• 기준 점수 이상의 외국어 성적 • OA 자격증 등	
작업기초 능력				• 조직이해능력, 의사소통능력, 수리능력, 문제해결능력, 자기개발능력, 자원관리능력, 정보능력, 대인관계능력, 작업윤리	

직무번호		직무명	교육기획	소속	관리부인력개발팀
직군	경영관리	직종	인사	등급	3등급
직무개요			기업에서 요구하는 고급인재상을 기초로 한 개인의 교육 Needs를 충분히 고려하여 등급별, 직능별 효과적인 교육프로그램 을 기획하고 진행하며 정확한 교육 평가를 통한 더욱 발전적인 사내 · 외 교육을 개발한다.		
일반요건	남녀법적성	공통	최적연령범위		30~50세
	기초학력	대졸	특수자격		
	전공계열	경영 및 인문계열	전공학과		철학, 경영학, 교육학
	필요 숙련기간	6개월	전환 가능부서/직무		경영지원
	기타				
소요능력	학술적 지식	교육학	▶ 산업교육학, 교육심리, 교육공학, 교육철학	총류	세부내용 및 소요정도
		경영학	▶ 조직관리, 목표관리, 인사행정		
	실무적 지식	교육훈련 규정	▶ 등급별 교육훈련 규정, 연수규정, 통신교육 규정		
		상벌규정	▶ 교육훈련 실시 및 결과에 따른 상벌 규정		
		조직, 인사규정	▶ 전사적 조직구조의 정확한 이해		
		교육관련 상식	▶ 타사사례의 정통한 지식, 교육 관련 시사 상식		

•
직무기술서(위)에는 직무명, 직무를 수행하는 위치, 직무요약, 보고체계, 직무조건, 직무책임, 기계설비, 위험가능성 등이 명시됩니다. 직무명세서(아래)에는 자격조건, 경험, 훈련, 기술, 책임감, 감정적 특성, 감각적 요건 등이 명시됩니다. 직무기술서는 주로 기업 내부자료로 활용되지만 직무명세서는 구직자 등을 위한 외부자료로 활용됩니다.

③ 모집(Recruitment)

모집은 인적 요건에 부합하는 능력과 기술을 가진 사람을 식별하고 유인하는 활동으로 정의됩니다. 모집은 주로 인적자원계획이 완료된 후에 실시되는데 크게 내부모집과 외부모집으로 구분됩니다. 내부모집은 회사 내부의 구성원들을 대상으로 모집을 실시하는 것입니다. 내부모집에는 기술목록을 참고하거나 내부 추천제도와 공개모집제도를 활용하는 방안이 있습니다. 현대 기업들은 내부구성원들이 어떤 기술을 보유하고 있는지에 대한 데이터베이스를 구축하고 있습니다. 내부모집을 실시하기로 결정하게 되면 직무에 관련된 기술을 보유한 인력들의 목록을 추출하여 이들을 대상으로 모집절차를 수행하는 것입니다. 내부추천제도는 특정 직무에 대한 적임자를 내부직원들이 추천하는 것입니다. 공개모집제도는 공개적으로 회사에 이런 자리가 났으니 희망자는 지원하라고 내부에 공지하는 것이며 구성원들의 사기진작에 긍정적인 영향을 미칩니다.

외부모집은 기업의 일반적인 모집방식으로서 광고, 헤드헌터 등을 활용할 수 있으며, 대학교와 같은 교육기관과의 연계를 통하여 모집할 수도 있습니다. 회사의 노동조합이 속한 산업노동조합의 추천을 받는 경우도 있습니다. 또한 경력자를 수시모집 형태로 채용하거나 기존 사원들의 연고자들을 추천받아 모집할 수 있습니다. 리스계약은 용역업체를 통하여 인력을 고용하는 형태로서 해고가 유연하고 비용을 절감할 수 있다는 점에서 많은 기업들이 선호하는 형태입니다. 대형마트의 계산원이나 건물청소업체 등이 리스계약의 대표적인 예입니다.

④ 선발(Selection)

모집과 동시에 선발이 진행됩니다. 선발은 요구되는 능력과 동기를 가진 지원자를 선택하는 과정으로 정의됩니다. 선발은 크게 두 가지 방식으로 구분할 수 있는데 바로 시험과 면접입니다. 가장 일반적인 형태의 시험에는 필기시험이 있습니다. 필기시험은 비용이 저렴하고 운영하기 쉽다는 장점이 있습니다. 실기시험, 구술시험, 심리검사 등 다양한 방식이 있는데 최근에는 심리검사의 중요성이 높아지고 있습니다. 직원이 채용된 후 어떤 행동을 할 것인지 예측하기 위해서, 또는 잠재력을 파악하기 위해서 지능검사나 인적성검사 등과 같은 다양한 형태의 심리검사들이 사용되고 있습니다. 면접은 주관적인 판단에 의존하지만 시험으로는 확인할 수 없는 정보를 알 수 있다는 장점이 있습니다. 일반적으로 면접은 방식에 따라 정형적 면접과 비정형적 면접으로 구분할 수 있습니다. 정형적 면접은 구조적 면접, 지시적 면접이라고 부르며, 직무명세서를 기초로 미리 질문내용 준비하는 것입니다. 반면 비정형적 면접은 비구조적 면접, 비지시적 면접이라고 부르며 면접대상자에게 대답의 자유를 주고 폭넓은 정보를 얻어내는 것입니다. 이 경우 면접자의 훈련이 중요합니다. 기타 면접방식으로는 스트레스 면접, 패널 면접, 집단 면접 등이 있습니다. 스트레스 면접은 면접관이 의도적으로 면접자를 공격적으로 대함으로써 감정의 안정성과 인내심을 파악하는 것입니다. 패널 면접은 여러 명의 면접관들이 한 명의 지원자와 면접을 진행하고, 면접이 끝나고 난 뒤에 의견을 교환하여 종합적인 정보를 확보하는 것입니다. 집단 면접은 면접자들이 특정 문제에 대한 집단토론을 진행하도록 하고, 이 과정을 관찰하면서 각 면접자에 대한 적격여부를 심사하는 것입니다. 이 방식은 면접자들의 우열비교가 가능하고 리더십이 있는 인재를 발견하는 것이 가능하다는 장점이 있습니다.

어떤 방법을 사용하든 선발방법의 신뢰성과 타당성을 확보하는 것이 중요합니다. 신뢰성은 같은 시험이나 면접을 실시했을 때 선발한 대상이 동일한 정도를 의미하며, 타당성은 시험이나 면접을 통하여 선발한 대상이 당초 선발하려고 했던 인재에 근접한 정도를 의미합니다. 만약 같은 시험을 실시했는데 결과가 달라지면 신뢰성이 떨어지는 것이며, 결과가 같더라도 회사가 원하는 인재를 선발하지 못한다면 타당성이 떨어지는 것입니다. 따라서 신뢰성과 타당성 모두가 높은 선발방법이 효과적인 선발방법이라고 할 수 있습니다.

(2) 인적자원의 유지와 활용

인적자원관리를 계획하고 인력을 충원 또는 조정하고 나면, 이제 인력을 유지하고 활용해야 합니다. 많은 기업들에서 비일비재하게 일어나는 것이 인적자원의 적체와 유출입니다. 인적자원의 적체는 선발된 인력이 제대로 활용되지 못하는 상태를 의미하고, 인적자원의 유출은 기업 내 우수한 인력이 경쟁사로 유출되는 상태를 의미합니다. 50년의 역사를 가진 중견기업 A의 CEO는 직원을 선발할 때 학벌을 중시한 결과 신입사원들의 90%가 명문대 출신에 석사학위 이상의 학벌을 가지고 있었습니다. 그런데 채용 후 신입사원들을 희망부서에 배치하지 않고 현장교육 명목으로 한 계열사에 배치하였는데, 이 계열사는 인터넷 쇼핑몰이 핵심사업이었습니다. 신입사원들은 전공과는 관계없는 인터넷 쇼핑몰 관리에 투입되어 우체국 배송업무까지 수행하였습니다. 이것이 선발된 인력을 제대로 활용하지 못하는 인적자원 적체의 예입니다. 한편 국내 최고의 기업으로 꼽히는 대기업 B는 2000년대 초반까지만 해도 명문대 상경계열 출신의 신입사원들을 많이 선발했습니다. 하지만 이 인력들은 평균적으로 5년을 버티지 못하고 퇴사하였는데, 강도 높은 업무 탓도 있었지만 이들이 대부분 경쟁사로 이직한 것이 큰 문제였습니다. 워낙 우수한 인력이다 보니 경쟁사들이 고연봉과 더 나은 조건의 업무조건을 제시한 것입니다. 이것이 인적자원 유출의 예입니다. 이처럼 인적자원을 잘 선발한다고 하더라도 이후 적체되거나 유출될 가능성이 있기 때문에 기업은 인적자원을 합리적으로 관리하여 생산성을 개선하고 구성원들의 만족감을 높여야 하는 것입니다. 기업은 배치와 이동, 승진, 인사고과를 통하여 인적자원을 관리할 수 있습니다.

먼저 배치는 종업원을 각 직무에 배속시키는 것을 말하며, 이동은 종업원을 필요에 따라 기존 직무에서 다른 직무로 재배치하는 것을 말합니다. 종업원이 보유한 능력과 기술에 맞는 직무에 배속시켜야 개인의 만족감이 높아지고 경영성과도 개선될 수 있습니다. 하지만 같은 직무에 오래 머물다보면 종업원들의 동기가 떨어지고 조직이 활력을 잃을 수 있습니다. 따라서 이동을 통하여 종업원들을 동기부여할 수 있고 조직의 재활력화도 이끌어낼 수 있습니다.

다음으로 승진은 이동의 한 형태라고 볼 수 있지만, 일반적인 이동은 수평적 개념인 반면, 승진은 수직적 개념이라는 점에서 구분할 수 있습니다. 승진은 보수, 권한, 책임이 수반되는 직무서열 또는 자격서열의 상승을 말합니다. 개인 측면에서 승진은 신분성취를 통한 만족감 증대와 동기유발이라는 효과가 있습니다. 조직 측면에서 승진은 인재확보와 배치를 통한 효율성 증대라는 긍정적인 효과가 있습니다. 능력이 뛰어난 인재를 책임과 권한을 가진 직급에 배치함으로써 조직을 효율적으로 운영할 수 있는 것입니다. 기업의 승진제도에는 여러 유형이 있습니다. 직계승진은 직무의 자격요건에 비추어 적격자를 승진시키는 제도입니다. 직계승진은 직무 중심의 경직성이 생긴다는 문제가 있습니다. 즉 승진할 때마다 직무내용이 달라져야 한다는 것입니다. 그래서 승진을 하되 직무내용에는 차이가 없는 방식을 채택하기도 합니다. 연공승진은 근속연수가 긴 사람을 자동으로 승진시키는 제도입니다. 연공승진의 경우 직무는 동일하더라도 대우가 달라져야 하는 문제가 발생할 수 있습니다. 이를 보완하기 위해서 승진을 시키되 대우는 직무를 따라가게 하는 방식을 채택할 수 있습니다. 자격승진은 직계승진과 연공승진의 특성을 합친 형태로, 근속연수에 의한 승진대상자들 중에서도 자격이 있는 사람을 승진시키는 제도입니다. 대용승진은 종업원의 사기저하를 방지하기 위해 직무 내용에 실질적인 변화는 없으나 직급이나 직책을 격상해주는 제도입니다. 대용승진은 조직 내 상사들이 많아서 승진을 시키기 어려운 상황에서 종업원들의 사기저하를 방지할 수 있다는 장점이 있습니다. OC(Organization Change)승진은 승진할 자리가 없을 때 조직구조를 개선시켜 종업원의 지위가 향상될 수 있도록 하는 제도입니다.

인사고과는 종업원의 능력과 업적을 평가하여 인사정책에 필요한 정보를 획득하고 활용하는 기능으로 정의할 수 있습니다. 기업은 인사고과를 통하여 종업원의 능력을 파악하여 적합한 배치를 실시하고 인력개발에 활용하며, 종업원의 성과를 측정하여 보상에 활용할 수 있습니다. 또한 인적데이터의 확보와 채용, 배치전환, 승진 등 인사기능의 타당성을 측정할 수 있으며, 조직의 결함을 발견하고 개선할 계기를 찾을 수 있습니다.

인사고과에서는 평가자를 누구로 정하느냐가 중요합니다. 과거에는 상사가 부하를 일방적으로 평가하는 방식이 일반적이었다면, 오늘날에는 상사를 포함하여 동료, 고객, 심지어 부하직원들까지 평가에 포함시키는 다면평가제를 도입하는 방향으로 바뀌고 있습니다. 기존 인사고과 방식은 평가자에 해당되는 상위자 집단이 피평가자에 해당되는 하위자 집단을 평가하는 것으로서, 상위자들의 부담이 매우 크고 주관적인 평가로 객관성을 떨어뜨릴 수 있다는 단점이 있습니

인사고과표

1. 고과대상자

소속/직급	인사총무팀/대리	직급	김철수
입사일	20 . 1. 1	고과기간	20 . 1. 1~20. . 1. 2

2. 평가항목

구분	요소	요소내용	배점	1차	2차	비고
업무수행력	업무지식	담당직무에 대한 지식과 관련업무에 대한 지식이 높다.	10			
	수행능력	업무의 정확성이 뛰어나고 업무의 내용도 충실하다.	10			
	이해력	담당업무를 정확히 이해하고 추진하는 능력이 있다.	10			
	업무속도	업무속도가 뛰어나고 긴급한 업무를 신속하게 처리한다.	10			
	협조능력	상사의 지시사항에 적극적으로 협조하고 하급자에 대한 지도나 팀워크 형성에 기여한다.	5			
	조직기여도	자신의 형편이나 이익에 사로잡히지 않고 자진해서 동료를 돕고 협조한다.	5			
근무태도	성실성	지각, 조퇴, 결근을 하지 않으며 규칙적인 생활태도를 가졌다.	10			
	책임감	맡은 바 주어진 일은 어떠한 곤란한 경우가 있더라도 마무리 짓는다.	10			
	적극성	솔선수범하고 타인에게 좋은 영향을 준다.	10			
	창의성	업무추진 방법에 대해 연구, 개선하고 업무능력을 높인다.	10			
	신뢰성	담당 업무를 성실히 끝까지 수행하여 신리와 믿음을 준다.	5			
	원가절감	작업개선의 품질향상 및 생산성 향상으로 원가절감에 노력한다.	5			
		합계	100			

3. 종합평가

구분	종합의견	소속	직급	성명
1차 평가자	다른 사원에 비해 역량이 높음.	인사총무팀	과장	김철수
2차 평가자	성실과 역량 높음		사장	김영수

위 표는 인사고과표의 예입니다. 인사팀은 연말에 각 부서나 사업부로부터 팀별 인사고과표를 수집한 다음, 연초에 인사고과표를 종합하여 인사고과점수와 등급을 부여합니다. 이 결과는 승진과 연봉인상률, 그리고 성과급을 결정하는데 활용됩니다. 또한 교육이나 조직개발 목적으로 활용되기도 합니다.

다. 그에 비해 다면평가제는 상위자와 동료, 하위자들까지 평가자에 포함시켜서 피평가자의 다양한 이면들을 평가함으로써 더 많은 정보를 얻을 수 있다는 장점이 있습니다. 또한 상위자들의 평가 부담도 완화되고 평가 결과의 객관성도 높일 수 있습니다. 하지만 다면평가제도 몇 가지 문제점이 있습니다. 본인, 상사, 동료, 하급자 등 다양한 주체의 평가를 인사관리에 반영하는 제도이지만, 조사 결과에 따르면 미국과 같이 다면평가제가 일반화된 국가에서도 평가 주체들 사이의 평가가 일치하는 경우는 거의 없는 것으로 나타납니다. 이는 평가 결과가 급여, 진급 등의 처우나 구조조정과 연계될 때, 이해관계가 있는 평가 주체가 의도적으로 낮은 점수를 줄 수도 있기 때문입니다. 또한 평가 주체들 간의 능력과 지식의 수준이 같지 않기 때문에 오히려 평가 결과의 객관성이 떨어질 수도 있다는 문제가 있습니다. 따라서 다면평가제의 위와 같은 문제들을 해결하기 위해서는 평가 결과를 급여나 진급에 활용하기보다는 피평가자가 스스로의 문제점을 깨닫고 보완하는 교육 목적으로 활용해야 합니다.

평가 주체가 사람이다 보니 인사고과에는 오류가 발생할 수 있습니다. 인사고과의 가장 기본적인 오류를 항상오차라고 합니다. 항상오차가 발생하는 이유는 평가자의 관대화와 중심화 경향 때문입니다. 관대화는 인사고과를 실시할 때 실제 점수보다 더 높은 점수를 부여할 때 발생하는데, 주로 우수한 종업원들이 많아서 순위를 매기기 곤란할 경우, 상사가 부하를 아끼려는 의도가 있는 경우, 부하의 낮은 점수가 상사의 통솔력 부족으로 여겨질 것을 염려할 경우 나타날 수 있습니다. 중심화는 평가 점수가 중 또는 보통으로 부여되는 경향을 의미합니다. 중심화 경향은 평가자가 평가방법을 잘 이해하지 못했거나 시간이 부족하여 피상적으로 평가할 경우, 피평가자를 잘 모를 경우 발생할 가능성이 높습니다. 인사고과에는 항상오차 외에도 여러 유형의 오류들이 존재합니다. 먼저 후광효과(Halo Effect)는 평가대상의 전반적인 인상을 기준으로 모든 고과요소들을 평가하려는 경향을 말합니다. 서울대 출신의 직원은 무엇이든 잘한 것처럼 여겨질 수 있다는 것입니다. 후광효과를 줄이기 위해서는 고과요소마다 평가지를 바꾸고, 한 고과요소에 대해 전 종업원들을 평가하고 그 다음 다른 고과요소에 대해 또 전 종업원들을 평가하는 방식을 도입할 수 있습니다. 다음으로 논리오차(Logical Error)는 하나의 고과요소와 다른 고과요소가 관계가 있을 때, 하나를 잘하면 다른 것도 잘할 것이라 생각할 때 발생하는 오류입니다. 예를 들어, 평소 꼼꼼한 성격의 피평가자가 실수를 하지 않았을 것이라 생각하는 것이 논리오차입니다. 대비오차(Contrast Error)는 평가자와 피평가자 간의 특성이 대조될 때 발생합니다. 예를 들어, 평가자가 깔끔한 성격인데 비해 피평가자가 그렇지 못한 성격이라면 부정적으로 평가하게 될 가능성이 높습니다. 이 같은 인사고과 오류들을 해결하기 위해서는 평가자들을 체계적으로 훈련시키거나 복수의 평가자들을 활용해야 합니다. 또한 인사고과의 비통제적 이용을 장려해야 합니다. 비통제적 이용이란 인사고과를 승급, 승진, 상여와는 관계없이 상담, 지도, 의사소통 촉진을 위해 활용하는 것을 말합니다. 스스로를 평가하게 하는 자기고과도 많은 정보를 제공하여 오류를 어느 정도 바로잡을 수 있습니다. 또한 상사를 포함하여 동료, 부하, 고객들까지 관련된 모든 사람들이 평가에 참여하는 다면평가제를 활용하여 인사고과에 필요한 정보를 다원화한다면 오류를 최소화할 수 있을 것입니다.

(3) 인적자원의 개발

기업은 인적자원을 개발하여 환경변화에 대응할 수 있고 경쟁력을 높일 수 있습니다. 기업의 경쟁력은 구성원들이 가지고 있는 역량에 근거하기 때문에 지속적으로 인적자원을 개발하는 것이 중요합니다. 인적자원을 개발하기 위해서 기업은 훈련을 실시하게 됩니다. 훈련을 통해서 구성원들은 직무에서 요구되는 지식과 기술을 습득할 수 있으며, 변화하는 직무내용에 효과적으로 대응할 수 있습니다. 훈련의 대상과 방법에 따라 여러 유형의 프로그램들을 운영할 수 있습니다. 먼저 일선종업원들을 대상으로 한 훈련에는 OJT, OFF JT가 있습니다. OJT(On the Job Training)는 직장에서 구체적인 직무를 수행하는 과정에서 직속상사가 부하를 개별적으로 지도하는 것을 말합니다. OFF JT(Off the Job Training)는 교육훈련을 담당하는 전문스태프 책임하에 집단적으로 교육훈련을 실시하는 것입니다. 워크샵이나 외부특강이 대표적인 예입니다. 하위경영층을 대상으로 한 훈련에는 TWI(Training within Industry)가 있으며 작업지도, 작업개선, 직원통솔과 같은 3가지 기능을 중점적으로 교육합니다. 중간경영층 훈련인 MTP(Management Training Program)에서는 TWI의 3가지 기능에 추가적으로 관리의 기본 사고방식, 조직원칙, 조직검토를 교육하게 됩니다. 마지막으로 최고경영층 훈련으로는 ATP(Administrative Training Program)가 있으며, 경영진을 대상으로 경영계획, 조직화, 조정 및 운영 등에 초점을 맞추어 강의방식으로 교육을 진행합니다.

(4) 보상관리

기업은 보상을 통하여 종업원들을 효과적으로 동기부여하여 생산성을 높일 수 있습니다. 보상의 개념에서 임금과 봉급은 의미상 차이가 있습니다. 임금은 육체적인 노동에 대하여 주어지는 보상을 말하며 시간급, 일당제가 대표적인 예입니다. 반면 봉급은 정신적 노동에 대하여 주어지는 보상으로 주급, 월급, 연봉 등이 여기에 해당됩니다.

일반적으로 기업이 종업원에게 제공하는 보상은 기본급, 수당, 상여금, 복리후생으로 구성됩니다. 여기서 가장 중요한 것은 기본급입니다. 기본급은 근로에 대하여 지급되는 임금으로서 수당, 상여금을 결정하는 기준이 됩니다. 수당은 기본급에 더하여 제공되는 것으로서 직무수당, 자격수당, 시간외 근무수당, 가족수당, 통근수당, 급식수당, 종신수당 등 다양한 형태가 있습니다. 수당은 임금제도가 덜 발달되고 최저임금이 낮은 임금체계에서 남발되는 경향이 있습니다. 최근 우리나라에서 통상임금이 뜨거운 감자가 되고 있습니다. 일반적으로 근로자가 받는 급여는 기본급, 수당, 상여금으로 구성되는데, 국내 기업들은 급여에서 기본급만을 통상임금으로만 인정해왔습니다. 통상임금에 수당과 상여금이 포함되지 않았기 때문에, 통상임금을 기준으로 책정되는 성과급이나 퇴직금도 낮게 책정되어온 것입니다. 기업 입장에서는 통상임금을 낮게 책정해두면 경기가 악화되어 매출이 감소하거나 순이익이 줄어들었을 때 인건비 부담을 줄일 수 있으니 이 방식을 더 선호한 것입니다. 하지만 2011년 기아자동차 노동조합은 정기 상여금을 통상임금에 포함시켜 추가로 임금을 지급하라는 소송을 제기하였고, 2020년 대법원이 노동조합의 손을 들어주면서 향후 우리나라 기업들의 임금체계는 새로운 변화 국면에 접어들게 되었습니다.

상여금은 성과급 또는 보너스라고 부르며, 명절이나 연휴에 일시적으로 지급하거나 종업원의 성과를 기준으로 정해진 비율에 따라 지급하기도 합니다. 성과급에는 크게 3가지 형태가 있습니다. 먼저 개인성과급제는 종업원 개인의 성과에 따라 임금을 지급하는 것입니다. 개인성과급제는 직무의 내용이 지루하지 않고 흥미롭게 잘 설계되어 있을 때, 임금의 상승 폭이 개인에게 적절한 동기부여로 이어질 때 적합한 형태입니다. 다음으로 집단성과급제는 개인이 아닌 집단의 성과를 기준으로 임금을 지급하는 것입니다. 개인별 성과측정이 어렵거나 집단의 협력이 필요한 상황에 적합하며, 주로 개인성과급의 단점을 보완하기 위해 도입됩니다. 집단성과급제의 대표적인 예로는 스캔론플랜(Scanlon Plan)과 러커플랜(Rucker Plan)이 있습니다. 먼저 스캔론플랜은 총 판매가치에서 노무비를 차감한 금액을 종업원들에게 분배하는 것입니다. 노무비란 쉽게 말해 생산에 투입한 인건비를 말합니다. 매출액에서 인건비를 줄이는 만큼 더 많이 분배 받을 수 있으니, 이 스캔론플랜을 도입하면 종업원들이 인건비 절감에 관심을 가진 결과로 생산성이 높아지게 됩니다. 하지만 스캔론플랜은 생산성을 개선하는 데 기여하긴 하지만 제품의 품질개선과는 관련이 없습니다. 오히려 종업원들이 효율적으로 제품을 많이 만드는데 집착한다면 제품의 품질은 오히려 떨어질 수도 있습니다. 러커플랜은 품질개선을 목표로 할 때 적합한 집단성과급제입니다. 여기서 분배의 대상은 판매가치가 아닌 부가가치에서 노무비를 뺀 금액입니다. 단순 매출이 아니라 가치창출이 얼마나 되었느냐에 따라 분배될 몫이 증가하기 때문에, 종업원들이 부가가치 상승에 관심을 가지게 된 결과로 제품의 품질이 개선될 수 있는 것입니다. 집단성과급제는 성과평가가 용이하고 구성원들의 협동심을 높일 수 있다는 장점이 있지만, 개인의 공헌도를 파악하기 어려워서 개인동기유발이 어렵고, 그 결과 우수한 개인들이 불만을 가지게 되어 인력유출이 증가할 수도 있습니다. 성과급의 또 다른 형태인 조직체성과급제는 조직 전체나 공장, 사업부 단위의 성과를 기준으로 임금을 지불하는 것입니다. 임금슬라이드제(Sliding Scale Plan)는 조건적으로 임금률을 변동하는 제도로서, 물가변동이나 사업부 성과에 따라 임금률을 높일 수 있습니다. 이윤분배제(Profit Sharing System)는 노사의 교섭에 따라 정해진 방법에 따라 이윤분배를 하는 제도입니다. 이 제도는 종업원들의 애사심과 작업능률을 높이고 노사관계를 개선하는 장점이 있습니다.

　마지막으로 복리후생은 비금전적 형태로 제공되는 보상입니다. 자녀학자금, 결혼축하비, 교육비 등이 있습니다. 과거에는 모든 종업원들에게 복리후생비가 동일하게 지급되었지만, 최근에는 종업원들의 수요 다변화에 대응하여 카페테리아식 복리후생이 확대되고 있는 추세입니다. 카페테리아식 복리후생은 직급에 따라 일정한 복리후생 점수를 주면 종업원이 직접 원하는 복리후생을 장바구니식으로 선택하는 방식을 말합니다.

　이외에도 스톡옵션(Stock Option), 종업원지주제, 사내벤처제 등과 같은 다양한 형태의 보상들이 존재하며, 종업원들의 다양성 증가에 맞추어 보상체계도 세분화되어 발전하고 있습니다.

(5) 노사관계

　기업이 노동조합과 원만한 관계를 형성하기 위해서는 인적자원관리의 역할이 중요합니다. 전 세계적으로 20세기 초까지만 해도 노동조합은 공식적으로 인정받지 못하는 비밀조직이었습니다. 우리나라의 경우 1953년 노동조합법에 의해 노동조합이 생겨났으나, 노동조합이 제대로 활동하기 시작한 것은 1987년 민주화운동 이후부터입니다. 노동조합은 크게 3가지 기능을 가집니다. 첫째로 공제적 기능은 조합원이 질병, 재해, 실업, 노령, 사망 등으로 노동력을 상실했을 경우 기금을 마련하여 돕는 기능입니다. 둘째로 경제적 기능은 단체교섭, 경영참가, 노동쟁의를 통해 수행하는 교섭기능입니다. 셋째로 정치적 기능은 국가나 사회단체를 대상으로 노동관계법의 제정 및 개정을 시도하는 기능입니다. 노동조합은 직업노조, 산업노조, 일반노조와 같은 3가지 형태가 있습니다. 직업노조는 한 기업 내에서 동일 직업에 종사하는 근로자들이 조직하는 것입니다. 즉 동일 기업 내 여러 직종에 따른 노동조합들이 형성될 수 있습니다. 산업노조는 한 산업 내 근로자들이 직종을 불문하고 가입하여 결성하는 것입니다. 일반노조는 업종이나 직분에 관계없이 결성되는 형태로서 한 기업이나 산업 내 근로자들만으로는 수적으로 열세할 때 결성됩니다. 직업노조보다는 산업노조, 산업노조보다는 일반노조가 될수록 더 큰 노동조합의 개념이며 더 큰 힘과 다양한 쟁의 수단을 가지게 됩니다.

　그렇다면 노동조합은 기업에게 어떤 영향을 미칠까요? 먼저 노동조합은 규제 역할을 수행합니다. 경영진은 의사결정 과정에서 노동조합을 의식하게 됩니다. 경영진 마음대로 근로자를 해고하거나 비정규직 비율을 늘리지 못하는 것입니다. 다음으로 노동조합은 인적자원관리를 개선합니다. 노동조합의 존재로 기업은 선발, 고과, 배치 등 모든 영역에서 기준이나 절차를 명확하게 수립해서 진행하게 됩니다. 근로자들의 업무를 수행하는 작업장의 환경도 개선됩니다. 세 번째로 노동조합은 조직변화를 일으킵니다. 노동조합이 활동한 결과로 조직의 구조가 바뀌거나 새로운 부서가 추가됩니다. 기업 내 노동조합의 영향력이 강할수록 인적자원관리 기능이 더 복잡화되고 권한이 강해집니다. 네 번째는 부정적인 영향으로서, 노동조합이 조직발전에 장애물이 되는 경우입니다. 노동조합이 자신들의 이익을 위해서 새로운 기술 도입이나 구조조정, 정리해고 등과 같은 변화에 무조건적으로 저항하는 것입니다. 이는 근로자 개인에게도 부정적인 영향을 초래할 수도 있습니다. 대다수의 조합원들이 고용안정을 중시하다보니 우수한 인재의 동기가 감소할 수 있는 것입니다.

　이처럼 노동조합이 기업에 미치는 영향은 양면이 존재하기 때문에 바람직한 노사관계를 형성하는 것이 중요합니다. 노사관계의 유형은 사측이 교섭에 있어 노동조합의 교섭권을 얼마나 인정해주고, 경영권을 행사하는 데 있어 노동조합과 얼마나 협조하느냐에 따라, 그리고 노동조합이 단체교섭권을 얼마나 강력히 추구하고 경영권에 얼마나 참여하려고 하느냐에 따라 5가지 유형으로 구분할 수 있습니다. 먼저 노조부정형은 사측이 노동조합을 근본적으로 인정하지 않고 활동을 방해하며 기회가 있으면 약화 또는 축출시키려고 하는 상태를 말합니다. 우리나라 대기업들이 이런 관계를 형성하고 있는 경우가 많은데, 대표적으로 삼성그룹이 있습니다. 2013년 삼성그룹은 '그린화 전략'을 세워서 노조원들을 감시하여 노동조합이 결성되는 것 자체를 막으려고 했고, 여기에 가담한 임원들이 유죄판결을 받게 되면서 이재용 부회장이 대국민 사과를 하기도 했습니다. 미국에서는 애초에 인간중심적 경영방침을 제시함으로써 노동조합의 결성 자체를 방지하려는 IBM이나 코닥과 같은 기업들도 있습니다. 다음으로 결탁형은 사측과 노동조합 지도층 간의 거래나 부조리에 의해 문제를 해결하는 관계입니다. 쉽게 말해 노동조합이 사측에 매수되는 '어용노조'가 바로 여기에 해당됩니다. 무장휴전형은 사측이 노동조합을 인정하지만 여전히 갈등관계에 있는 유형입니다. 두 집단이 언제든 전투할 무장태세를 갖추고 있는 것입니다. 노사 간의 분쟁이 심하고 그 기간도 장기화되는 경우가 여기에 해당됩니다. 예를 들어, 자동화 기술을 도입하면 일자리가 줄어들기 때문에 노동조합이 강력히 반발하고 나서는데, 사측도 자동화 기술 도입을 양보하지 않을 때 무장휴전형 관계가 형성될 수 있습니다. 네 번째로 현실형은 두 집단이 서로의 힘을 인식하고 현실적인 관계를 맺어나가는 유형입니다. 자동화 기술 도입에 대응하여 기존 인력을 이동배치하거나 부분적으로만 자동화 기술을 도입하는 것이 현실적인 해결책입니다. 마지막으로 협력형은 사측과 노동조합이 상호의존적인 관계에 있는 것입니다. 두 집단이 타협하고 협조하여 문제를 해결하는 관계인데, 노사 간의 신뢰감이 높고 상호협조적인 일본기업들이 주로 이 유형에 해당됩니다.

이처럼 노사관계는 갈등과 대립보다는 상호협력을 추구해야 합니다. 상호협력적인 노사관계는 회사가 근로자의 발언권을 인정하는 데서 출발합니다. 기업은 문제해결 과정에서 근로자들을 경영에 참여시킴으로써 근로자들의 책임감과 만족감, 근로의욕 고취, 노동능률 향상을 기대할 수 있습니다. 노사협의제는 가장 대표적인 경영참가제도이며, 자본참가제도는 근로자들에게 주식을 제공하여 주주 지위를 주고 회사에 주인의식을 갖게 만들 수 있습니다. 또한 이익참가제도는 이윤 일부를 임금 외 형태로 분배함으로써 근로자들의 참여의식을 제고할 수 있습니다.

(6) 전략적 인적자원관리

전략적 인적자원관리(SHRM: Strategic Human Resource Management)란 기업의 전략목적을 반영한 인적자원관리를 통하여 경쟁우위를 확보하는 것을 말합니다. 인적자원관리를 기업의 한 경영기능으로 보는 것이 아니라, 기업의 경영전략을 반영한 경쟁우위의 원천으로 봐야 한다는 것입니다. 따라서 전략적 인적자원관리에서는 경영전략을 형성하고 실행하는 과정에서 인적자원요소들을 반영하며, 인적자원관리와 경영전략의 통합을 추구합니다. 예를 들어, 기업이 품질의 경쟁우위를 추구하면 성과와 능력 중심, 종업원 참여 중심의 인적자원관리를 실시합니다. 비용절감을 추구하면 비용통제와 현장관리 중심의 인적자원관리를 실시합니다. 또한 유능한 인재확보가 어려운 기업은 우수인력 유치와 내부교육을 강조하는 인적자원관리를 실시합니다.

전략적 인적자원관리는 가치 중심적 인적자원관리와도 연결될 수 있습니다. 기업의 핵심가치가 경영전략에 반영되어야 하며, 이 경영전략이 인적자원관리와 통합되어야 하기 때문입니다. 예를 들어, HP는 '신뢰'라는 가치를 추구했습니다. 회사는 언제나 직원을 신뢰한다는 메시지를 강조했으며, 직원들은 스스로 일을 잘 하기를 원한다고 가정했습니다. 이 관점에서 직원들이 하향식(Top-down)의 업무지시보다는 회사의 목표와 상황을 이해하여 스스로 목표를 설정하고 달성하도록 유도했습니다. HP는 회사의 이익을 모든 직원들과 공유하였으며 높은 자율성을 가진 분권화 조직을 유지해나갔습니다. HP의 이 같은 가치 중심적 인적자원관리는 HP가 존경받는 글로벌 기업으로 성장하게 만드는 원동력이 되었습니다. 이처럼 기업이 추구하는 가치, 전략, 그리고 인적자원관리가 일치해야 경쟁우위를 확보할 수 있다는 것이 전략적 인적자원관리입니다.

아래 그림은 기업이 경영전략을 수립하는 과정에서 인적자원관리가 어떻게 녹아들어야 하는지를 보여주고 있습니다. 기업은 외부환경과 내부자원을 분석하고 경영이념과 사명, 목적, 그리고 전략을 수립하게 됩니다. 그리고 여기서 어떤 인재가 필요한지를 정의하는 인적자원요건을 수립하게 됩니다. 이 인적자원요건을 근거로 인적자원의 경쟁력을 확보하기 위한 관행과 과정을 실행하게 됩니다. 이것이 기업의 생산성을 높이고 종업원들의 만족감을 높이며 종업원들의 능력개발로 이어진다는 것입니다.

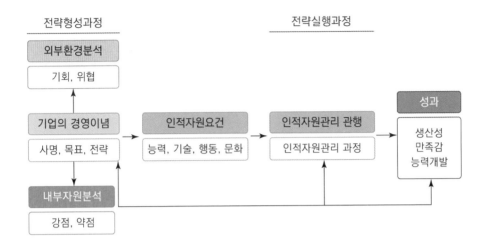

전략형성과정　　　　　　　　　　　　전략실행과정

```
┌─────────────┐
│  외부환경분석  │
├─────────────┤
│   기회, 위협   │
└─────────────┘
       ↑
┌─────────────┐     ┌─────────────┐     ┌─────────────────┐     ┌─────────────┐
│ 기업의 경영이념 │ ──→ │  인적자원요건  │ ──→ │ 인적자원관리 관행 │     │     성과     │
├─────────────┤     ├─────────────┤     ├─────────────────┤     ├─────────────┤
│ 사명, 목표, 전략 │     │ 능력, 기술, 행동, 문화 │   │ 인적자원관리 과정  │     │    생산성    │
└─────────────┘     └─────────────┘     └─────────────────┘     │    만족감    │
       ↑                                                        │    능력개발   │
┌─────────────┐                                                 └─────────────┘
│  내부자원분석  │
├─────────────┤
│   강점, 약점   │
└─────────────┘
```

나가며

　　지금까지 인적자원관리의 개념과 내용에 대해 알아보았습니다. 기업의 실체는 사람들로 구성된 조직이라는 점을 고려할 때 인적자원관리는 기업경영의 가장 근본적인 기능이라고 볼 수 있습니다. 과거에는 노무관리, 인사관리 등 기업의 직원들을 관리하는 차원의 경영기능으로만 여겨졌지만, 인재의 중요성이 더욱 높아지고 있는 오늘날에는 '인적자원'이라는 기업의 주요 자원을 관리하는 핵심 경영기능으로서 받아들여지고 있습니다. 전략적 인적자원관리의 개념에서 살펴볼 수 있듯이 현대 기업경영에서는 인적자원관리 자체가 경쟁우위의 원천입니다. 기업은 인적자원관리를 통하여 우수한 인재를 확보하고 양성하며 개발할 수 있으며, 인적자원관리를 통하여 전략적 목표를 달성할 수 있기 때문입니다. 무엇보다 인적자원관리는 기업의 핵심가치를 실현하는 데 필수적인 경영기능으로서, 가치 중심 경영이 주류가 될 미래 시대에 그 중요성은 더욱 커질 것입니다. 어떤 가치를 제시하여 사람들을 모으고, 또 그 가치를 어떻게 지속시키고 발전시키는지는 결국 인적자원관리에 달린 일이기 때문입니다.

토의

01 일반적으로 개인성과급제는 개인의 동기부여를 강화하여 기업 전체의 성과
    에도 크게 기여할 것이라 생각할 수 있습니다. 하지만 개인성과급제가 개
    인의 만족도와 기업성과에 부정적인 영향을 미칠 가능성은 없을까요?

02 노조부정형과 협력형 중 어떤 노사관계를 형성하는 기업이 장기적인 생존
    과 성공에 유리할까요? 각각의 유형이 갖는 장단점에 대해 논의해봅시다.

03 기업이 인적자원관리를 강력한 경쟁우위로 활용한 예시를 찾아봅시다. 그
    기업이 그러한 인적자원관리를 성공적으로 실행할 수 있었던 요인은 무엇
    일까요?

한눈에 보는
경 영 학

CHAPTER

07

마케팅

마케팅

들어가며

마케팅은 경영의 꽃입니다. 기업이 제품이나 서비스를 기획하고 판매계획을 세우며, 판매를 촉진하기 위해 수행하는 일련의 활동들이 마케팅 기능에 속합니다. 마케팅은 기업이 경영환경과의 접점에서 수행하는 기능이기 때문에 중요합니다. 마케팅을 통해서 기업은 제품과 서비스의 판매 및 광고를 통해 수익을 창출하게 됩니다. 또한 마케팅을 통해서 기업은 핵심 가치를 외부에 제시하게 됩니다. 예를 들어, 애플이나 벤츠의 광고에서는 이 기업들이 추구하는 가치가 잘

할리데이비슨(Harley-Davidson)은 1903년에 설립된 미국의 오토바이 제조회사입니다. 뛰어난 엔진기술과 고유의 용접기술을 가진 100년이 넘는 역사를 자랑하는 기업이지만, 경량화와 날렵한 디자인을 시도하던 오토바이산업의 변화에 밀려서 매출이 감소하여 경영위기를 겪은 적도 있습니다. 하지만 할리데이비슨은 그런 흐름에 따라가기보다 오히려 더 큰 엔진소음을 내고 차체의 크기를 더 키워서 전통적인 모토사이클에 열광하는 충성고객집단을 형성했습니다. 할리데이비슨의 성공에는 탄탄한 기술력도 있었지만 약점을 고유한 특징이자 강점으로 전환시킨 마케팅 전략이 있었습니다.

포르쉐는 스포츠카로 큰 성공을 거둔 자동차 회사이지만, 자동차 시장의 트렌드가 편안함과 실용성으로 바뀌어가면서 적자를 면치 못하게 됩니다. 하지만 포르쉐는 2002년 포르쉐 특유의 스포츠카 DNA를 담은 SUV인 카이엔(Cayenne)을 출시하였고, 카이엔은 전 세계적으로 수십만 대 이상이 팔려나가면서 포르쉐가 다시 부활하게 된 일등공신이 되었습니다. 원래 SUV는 짐을 많이 넣는 자동차라는 이미지가 있었고, 또 고가의 자동차 회사들은 SUV를 만들지 않는다는 관습이 있었습니다. 하지만 포르쉐가 '럭셔리 SUV'라는 새로운 시장을 만들어 큰 성공을 거두면서 벤츠, BMW, 벤틀리, 심지어 람보르기니까지 이 시장에 진출하게 되는 큰 변화를 일으킨 것입니다. 기존에 없던 새로운 시장을 만들어서 가치를 창출해내는 것, 이것이 마케팅의 힘입니다.

나타납니다. 애플의 광고는 제품의 간결함과 감성이 드러나고, 벤츠의 광고에서는 제품의 안락함과 고급스러움이 드러납니다. 이는 마케팅이 단순히 제품과 서비스를 판매하기 위한 활동만을 의미하는 것이 아니라, 기업이 중요시하는 핵심 가치를 소비자들에게 지속적으로 제시하고 그에 기반한 기업 이미지를 형성하는 활동이라는 것을 의미합니다.

1. 마케팅의 개념

마케팅은 크게 전통적 관점과 확장된 관점으로 정의할 수 있습니다. 전통적 관점에서 마케팅은 생산자로부터 소비자에게로 제품과 서비스의 흐름을 관리하는 경영활동으로 정의됩니다. 기업이 일반적으로 수행하는 영업, 홍보, 판촉과 같은 활동들이 전통적인 마케팅의 개념이라고 볼 수 있습니다. 확장된 관점에서는 마케팅을 교환과정을 통하여 인간욕구를 충족시키는 것과 관련된 모든 경영활동으로 정의합니다. 여기에는 전통적인 마케팅 활동뿐만 아니라 마케팅 전략, 브랜딩과 같은 활동들이 포함됩니다.

확장된 개념에서 알 수 있듯이 마케팅은 만들어진 제품을 단순히 판매한다는 의미를 넘어서서 고객의 욕구를 충족시켜 줄 수 있는 제품을 생산하여 판매한다는 의미를 가집니다. 이것은 마케팅의 시장지향적 특성을 말합니다. 이 관점에서 기업의 경영목표는 매출액 증대를 통한 이윤추구에서 고객만족을 통한 이윤추구로 변화하게 됩니다.

최근에는 여기서 한 단계 더 발전한 사회적 마케팅의 개념이 기업들 사이에서 확산되고 있습니다. 사회적 마케팅은 기업의 영리만을 위한 폐쇄적인 활동이 아닌, 사회 전체의 가치창출과 복지를 강조하는 개방적인 활동으로 마케팅을 정의합니다. 그래서 현대적 마케팅은 기업의 공익성도 강조하게 되는 것입니다. 이 특성을 마케팅의 사회지향적 특성이라고 말합니다.

한편 오늘날 기업의 경영활동이 복잡해지면서 경영기능들 간의 상호연계성이 보다 중요해지고 있습니다. 마케팅 활동도 독립적으로 수행될 때보다 다른 경영기능들과의 연계되어 수행될 때 더 효과적이라는 것입니다. 특히 마케팅이 성공하기 위해서는 생산관리와의 긴밀한 협조가 필수적입니다. 기본적으로 이 두 경영기능은 서로 다른 핵심성과지표(KPI: Key Performance Indicator)를 가집니다. 마케팅이 판매량을 늘리기 위하여 다양한 제품을 도입하고자 한다면, 생산관리는 불량률을 줄이기 위하여 제품라인의 단순화를 추구하기 때문입니다. 따라서 경영자는 두 경영기능의 공동 핵심성과지표를 만들어 원활한 상호협조를 이끌어낼 필요가 있습니다. 또한 생산관리뿐만 아니라 경영전략, 인적자원관리 등 기업의 전사적 차원에서 연계가 이뤄질 때 마케팅 활동이 성공적으로 일어날 수 있습니다. 이것이 마케팅의 시스템적 특성입니다.

마케팅의 역사는 그리 오래되지 않았습니다. 20세기 초까지만 해도 기업의 모든 경영활동은 생산 중심이었습니다. 제품을 만들기만 하면 모두 팔려나갔기

전기자동차를 생산하는 테슬라는 제품판매를 위한 마케팅 활동은 전혀 수행하지 않지만, 테슬라가 친환경적인 소재와 부품을 사용한다는 것을 알리기 위한 마케팅 활동은 적극적으로 수행합니다. 이 같은 마케팅 활동은 이윤창출에는 직접적인 도움이 되지 않지만, 환경친화적인 기업 이미지를 성공적으로 구축하여 충성고객 집단을 형성한다는 긍정적인 효과가 있습니다.

때문에, 기업들의 핵심과제는 '생산성을 어떻게 극대화할 것인가'였습니다. 그런데 산업이 점차 성숙해지면서 기술발전으로 대량생산체제가 확립되었고 경쟁기업들이 대거 등장하게 됩니다. 이는 공급이 수요를 초과하는 결과를 초래하게 되었습니다. 즉 기업들이 만들어내는 제품들의 양이 소비자들이 구매하려는 제품들의 양을 초과하기 시작했다는 것입니다. 이때부터 기업들이 공급 중심이 아닌 수요 중심의 경영활동에 집중하게 되면서 마케팅이 등장합니다. 고객들이 어떤 제품을 원하며 제품의 어떤 특성을 더 선호하는지를 파악해야 경쟁기업들보다 더 나은 제품을 만들어서 점유율을 높일 수 있기 때문입니다. 그 결과 기업은 모든 경영활동에서 고객을 염두에 두기 시작하였고 고객에 대한 연구가 활발해지면서 마케팅이 발전하게 되었습니다.

2. 소비자행동

이처럼 마케팅은 소비자에 초점을 맞춘 경영활동이기 때문에 소비자행동을 이해하는 것이 매우 중요합니다. 마케팅에서는 소비자행동의 결정요인을 외적요인과 내적요인으로 구분합니다. 먼저 외적요인에는 문화, 사회계층, 준거집단 등이 있습니다. 예를 들어, 불황기에도 백화점 명품매장 앞에서는 사람들이 줄을 서고, 고급 자동차가 매달 수만 대 이상 팔리는 이유는 우리나라의 과시문화 때문이라고 보는 관점이 있습니다. 명품가방이나 자동차로 상대방의 물질적 수준을 파악하려는 문화가 강하다는 것입니다. 이 관점이 옳든 틀리든 문화가 소비자들의 제품구매에 영향을 미치는 것은 사실입니다. 사회계층도 구매에 영향을 미칩니다. 특히 소득구간에 따라 소비자행동의 패턴이 크게 달라지기도 합니다. 또한 자신이 소속되고자 하는 집단인 준거집단의 소비가 다른 소비자들에게도 큰 영향을 미치게 됩니다. 유명 연예인이 어떤 옷을 입고 방송에 출연하게 되면 그 옷이 불티나게 팔리는 현상이 그것입니다. 다음으로 내적요인에는 동기, 지각, 학습, 태도, 개성 등이 있습니다. 소비자의 내적동기에 따라, 소비자가 제품을 어떻게 지각하느냐에 따라, 제품에 대한 소비자의 태도에 따라, 그리고 소비자가 어떤 개성을 가지고 있느냐에 따라 제품에 대한 구매패턴이 달라진다는 것입니다.

소비자가 어떤 제품을 구매하는 의사결정을 내리는 과정은 2가지 관점에서 설명할 수 있습니다. 먼저 합리적 구매는 소비자가 문제를 인식하고 정보를 탐색한 다음, 여러 대안들을 평가하여 의사결정을 내리고, 그 결정에 대한 사후평가를 내리는 방식으로 구매를 한다는 것입니다. 반면 비합리적 구매는 소비자가 합리적인 과정을 거치기보다는 충동적으로 구매하거나 다른 사람들의 의사결정을 모방하는 구매양상을 보인다고 봅니다. 이외에도 소비자는 구매의 중요성이나 긴박성에 따라 다른 의사결정을 내리기도 하며, 대체재의 존재에 따라, 제품의 개성에 따라 구매 의사결정을 내리기도 합니다.

3. 시장세분화(Market Segmentation)

　기업이 마케팅 활동을 제대로 수행하기 위해서는 시장세분화를 해야 합니다. 시장세분화란 전체 시장을 동질적인 세분화된 시장으로 나누는 작업을 말합니다. 시장세분화를 하는 이유는 고객들의 취향과 특성이 다양하기 때문에 기업이 전체 시장을 대상으로 마케팅 활동을 수행하기에는 많은 비용과 시간이 들기 때문입니다. 따라서 기업은 가장 유리한 고객집단을 대상으로 집중적인 마케팅 활동을 수행해야 합니다. 시장세분화에는 3가지 기준이 있습니다. 첫 번째 기준은 지리적 세분화입니다. 지역, 지형, 기후 등을 고려하여 시장을 세분화할 수 있습니다. 두 번째 기준은 인구통계적 세분화입니다. 연령, 성별, 소득, 종교 등을 고려하여 시장을 세분화하게 됩니다. 세 번째 기준은 행동적 세분화로서 제품과 서비스에 대한 사용량이나 충성도 등을 고려하여 시장을 세분화합니다.

　시장세분화 작업을 하고 나면 기업은 목표시장(Target Market)을 정하게 됩니다. 목표시장이란 기업이 상대하려는 특정 세분화된 시장을 의미합니다. 목표시장을 결정할 때 기업은 3가지 마케팅 전략을 고려할 수 있습니다. 먼저 비차별화 마케팅은 전체 시장을 하나의 제품과 서비스로 공략하는 것입니다. 반면 차별화 마케팅은 전체 시장을 몇 개의 세분시장으로 나누어 각각에 맞는 제품과 서비스를 공급하는 것입니다. 마지막으로 집중 마케팅은 전체 시장을 몇 개의 세분시장으로 나누되, 그 중 하나의 세분시장에만 제품과 서비스를 공급하는 것입니다. 이외에도 기업의 목표시장 선정은 내부 가용자원, 제품의 동질성, 제품의 수명주기 등과 같은 요인들의 영향을 받아 결정됩니다.

4. 마케팅 전략

　흔히 4P라 불리는 마케팅 전략은 제품(Product), 가격(Pricing), 유통(Place), 촉진(Promotion)의 앞 글자를 따서 지어진 것입니다. 각 마케팅 전략에 대해 살펴보겠습니다.

(1) 제품전략

좁은 의미에서 제품은 기업이 팔고자하는 물건을 말합니다. 하지만 마케팅적 정의에는 물건과 같은 유형재뿐만 아니라 서비스, 사람, 장소, 아이디어와 같은 무형재도 포함됩니다. 유형재와 무형재는 제품의 실체성으로 구분되는데, 유형재는 또다시 내구성 제품과 비내구성 제품으로 구분됩니다. 내구성 제품은 장기간 반복해서 사용할 수 있는 것으로 냉장고, 자동차, 의류가 대표적입니다. 반면 비내구성 제품은 한 번 또는 몇 번 밖에 사용하지 못하는 것으로 맥주, 비누, 석유 등이 있습니다. 무형재는 분리될 수 없고 변동적이며 보존성이 없다는 특징이 있으며 서비스나 용역이 대표적입니다. 한편 제품은 소비자 형태에 따라 소비용품과 산업용품으로 구분할 수 있는데, 소비용품은 최종소비자가 가계소비를 목적으로 제품을 구매하여 사용하는 제품을 의미하며, 산업용품은 생산자, 재판매업자, 기관으로 구성되는 산업시장에서 구매하는 제품을 의미합니다.

제품전략의 핵심은 바로 제품믹스(Product Mix)를 결정하는 것입니다. 제품믹스란 판매자가 구매자에게 제공하는 제품의 계열(Line)과 품목(Item)의 집합을 말합니다. 기업은 사업영역에 따라 고유한 제품계열을 가집니다. 가령 삼성전자는 모바일, 가전, 반도체 등과 같은 제품계열을 가지고 있습니다. 한 기업의 제품믹스는 폭(Width), 깊이(Depth), 그리고 일관성(Consistency)으로 나타납니다. 폭은 제품계열의 수를 의미하며, 깊이는 계열 내 품목의 수를, 일관성은 각 제품계열 내 품목들의 상호관련성을 의미합니다. 기업이 제품믹스를 결정할 때 일관성을 고려하는 것이 중요합니다. 제품계열 내 품목들의 생산, 유통경로, 용도의 상호관련성이 높아야 효율적인 생산, 유통, 판매 작업을 계획하고 실시할 수 있기 때문입니다.

(2) 가격전략

가격은 제품에 대한 시장수요를 결정하는 요소로서 기업의 경쟁지위와 시장점유율에 큰 영향을 미칩니다. 일반적으로 낮은 가격은 많은 소비자들을 끌어들임으로써 판매량을 증가시킵니다. 하지만 기업이 무조건적으로 가격을 낮출 수

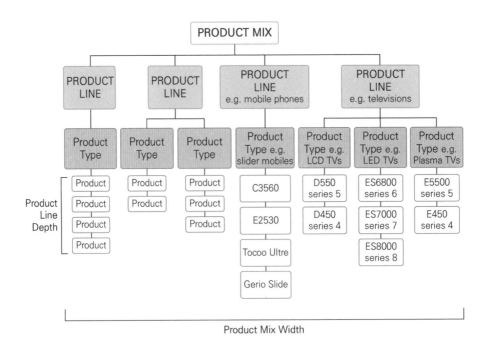

위 그림은 어떤 기업의 제품믹스를 시각적으로 표현하고 있습니다. 이 기업은 모두 4개의 제품계열(Product Line)들을 가지고 있으며 각 제품계열 내 품목들이 나열되어 있는 것을 확인할 수 있습니다. 이 기업의 제품믹스 폭(Product Mix Width)은 4이며, 표시된 것처럼 제품계열 깊이(Product Line Depth)는 4인 것을 알 수 있습니다.

는 없습니다. 이는 가격책정에 기본적으로 제품원가를 고려해야 하며, 제품과 연결된 브랜드 가치나 기업의 이미지도 고려해야 하기 때문입니다. 기업이 가격을 결정하는 데 영향을 미치는 요인은 크게 내부요인과 외부요인으로 구분할 수 있습니다. 내부요인의 예로 마케팅 목표가 있습니다. 기업의 경영목표가 최소한의 생존인지, 또는 단기이익 극대화인지, 아니면 시장점유율 향상인지에 따라 가격을 다르게 책정해야 합니다. 또한 제품원가도 가격결정의 하한선으로 작용하는 대표적인 내부요인입니다. 기업은 생산, 유통, 판매 과정에서 투입한 비용과 노력, 수반된 위험을 고려하여 적정이익을 보장하는 가격을 정하게 되는 것입니다. 가격결정에 영향을 미치는 외부요인에는 시장특성이 있습니다. 시장의 경쟁양상이 완전경쟁이라면 기업은 공격적으로 가격을 낮추는 전략을 채택해야 하지만, 독점경쟁이라면 기업은 가격의 프리미엄을 가져갈 수 있습니다. 또한 경쟁기업의 제품가격도 중요한 고려요인입니다. 제품의 전반적인 품질이 비슷한 수준이라면 기업은 가격을 낮춤으로써 경쟁우위를 확보할 수 있습니다. 이외에도 인플레이션이나 이자율 등과 같은 경제적 요인들이 가격결정에 영향을 미칠 수 있습니다.

일반적으로 기업이 가격을 결정하는 방법에는 다음과 같은 3가지가 있습니다. 먼저 원가기준법은 제품원가에 일정률의 표준이익을 가산하는 방법입니다. 예를 들어, 제품원가에 50%의 이익률을 가산해서 판매가격을 책정할 수 있습니다. 원가기준법은 가격결정이 용이하다는 장점이 있지만 원가변동성이나 시장의 수요와 경쟁양상을 고려하지 못한다는 단점이 있습니다. 제품원가는 매출액이나 제품의 회전율에 따라 달라질 수 있고, 시장의 수요와 경쟁을 무시하고 가격을 결정하는 것이 최적가격이라고 할 수 없기 때문입니다. 다음으로 수요기준법은 제품원가가 아닌 소비자들이 제품에 대해 지각하는 가치나 수요의 강도를 기준으로 가격을 결정하는 방법입니다. 이 방법은 소비자들에게 매력적인 가격을 결정할 수 있다는 장점이 있지만 제품의 가격변동성이 높아질 수 있다는 단점이 있습니다. 마지막으로 경쟁기준법은 경쟁 제품의 가격을 기준으로 제품의 가격을 결정하는 방법입니다. 이 방법은 제품차별화가 어려운 시장이나 소수의 기업들이 시장을 지배하고 있는 과점상황에서 유용하게 사용할 수 있습니다.

위와 같은 가격결정방법 외에 기업은 전략적으로 가격전략을 채택할 수 있습니다. 첫째로 기업이 신제품을 도입할 때 초기고가전략과 침투가격전략을 실시할 수 있습니다. 초기고가전략은 초기에 아주 높은 가격을 책정하는 전략이며 주로 투자된 연구개발비나 광고비를 단기간에 회수할 목적으로 사용됩니다. 이 전략은 경쟁사의 시장진입이 어려운 특허제품이나 구매자들의 가격탄력성이 낮은 경우에 효과적입니다. 이와는 반대로 침투가격전략은 초기에 아주 낮은 가격을 책정하는 전략으로서 이익의 회수보다는 시장점유율의 확장을 우선시할 때 사용됩니다. 구매자들의 가격탄력성이 높고 수요가 충분히 커서 낮은 가격으로 인한 시장성장이 빠를 때 효과적입니다. 시장점유율을 확보하고 나면 서서히 가격을 인상하게 됩니다. 둘째로 심리적 가격전략은 소비자들의 구매심리를 파악하여 가격을 책정하는 전략입니다. 예를 들어, 단수가격은 제품 가격의 끝자리를 홀수로 표시하여 소비자들에게 저렴하다는 인식을 심어주는 전략입니다. 충화가격은 약간의 가격 차이는 소비자들의 반응이 미미하기 때문에 몇 가지 층으로 구분하여 가격을 책정하는 전략입니다. 명성가격은 고품질을 유지하는 대신 아주 높은 가격을 책정하는 전략이며, 촉진가격은 판매량을 높이기 위하여 원가 이하의 가격을 책정하는 전략입니다. 셋째로 할인가격전략은 특정 조건에 해당하는 고객에게 할인된 가격을 책정하여 제품을 제공하는 전략이며 현금할인, 수량할인, 기능할인, 계절할인 등이 있습니다. 마지막으로 차별가격전략은 특정 자격을 갖춘 고객에게 차별적인 가격을 적용하는 전략입니다. 예를 들어, 공원입장 시 어린이와 노인에게 할인이 적용되거나 콘서트 좌석의 위치에 따라 가격차이가 존재하는 것이 이 전략에 해당됩니다.

(3) 유통전략

유통이란 제품이나 서비스가 생산자에게서 사용자에게 이전되는 과정을 말합니다. 기업이 생산한 제품과 서비스는 거래의 대상이 되면서 상품으로 전화(轉化)됩니다. 이 과정에서 중간상의 역할이 중요합니다. 중간상의 존재가 생산자와 사용자 사이의 총 거래 수를 감소시킬 뿐만 아니라 사용자가 원하는 시기에 상품을 구매할 수 있는 편의성을 높이기 때문입니다. 다음 그림은 중간상이 존재하지 않는 경우와 존재하는 경우의 총 거래 수 차이를 보여주고 있습니다. 중간상이 존재하지 않을 때 제조업체와 소비자는 각각 4명씩 존재하기 때문에 총 거래 수는 16건(4×4)이 됩니다. 하지만 중간상이 존재할 때 총 거래 수는 8건($4+4$)으로 감소합니다. 이처럼 중간상의 존재로 거래 수가 획기적으로 줄어들기 때문에 거래에 수반되는 불확실성이 감소하며 사용자의 편의성이 높아지게 되는 것입니다.

중간상의 유형에는 도매상, 소매상, 대리상이 있습니다. 도매상은 생산이나 재판매를 목적으로 구매하는 상인들을 대상으로 판매활동을 수행합니다. 도매상은 취급하는 상품의 종류와 기능에 따라 크게 제조업자 도매상, 상인 도매상, 대

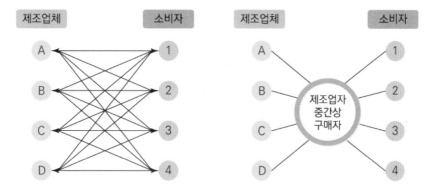

| 중간상이 존재하지 않는 경우 | 중간상이 존재하는 경우 |

리인 등으로 분류할 수 있습니다. 소매상은 최종소비자를 대상으로 판매활동을 수행하며 점포판매, 통신판매, 방문판매, 자동판매와 같은 여러 판매방식이 있습니다. 또한 판매규모에 따라 소형점과 대형점으로도 구분할 수 있습니다. 대리상은 상품에 대한 소유권을 갖지 않고 판매자와 구매자 사이를 매개하여 거래가 성립되도록 도와주는 역할을 수행합니다. 경매는 대리상의 대표적인 예입니다.

기업은 유통하려는 상품의 특성에 따라 적절한 유통전략을 채택해야 합니다. 유통전략은 크게 직접경로를 활용하거나 간접경로를 활용하는 방식으로 구분할 수 있는데, 직접경로는 기업이 직접 최종고객에게 상품을 인도하는 방식이라면 간접경로는 중간상을 매개하여 상품을 인도하는 방식입니다. 직접경로는 기업이 직접 최종고객과의 접점을 가진다는 점에서 매개비용을 절감하여 가격을 낮출 수 있고 피드백을 적시에 확보할 수 있다는 장점이 있습니다. 하지만 기업이 재고관리나 운송을 직접 수행해야 한다는 점에서 관리비용이 증가한다는 단점이 있습니다. 농장구매와 같은 생산자 직판, 보험서비스 등이 직접경로에 적합한 상품입니다. 간접경로를 활용한 유통전략은 유통과정을 매개하는 중간상에 따라 크게 3가지 유형으로 구분할 수 있습니다. 첫 번째 유형은 기업이 상품을 소매상을 통하여 최종고객에게 인도하는 것으로서 자동차나 가전제품이 대표적인 예입니다. 두 번째 유형은 상품이 도매상과 소매상을 거쳐서 최종고객에게 인도되는 방식으로서 의약품이나 잡화가 여기에 해당됩니다. 세 번째 유형은 기업이

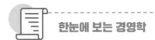

대리상에게 상품을 전달하고 대리상이 도매상과 소매상을 통하여 최종고객에게
상품을 인도하는 방식으로서 농수산물이 대표적인 예입니다.

(4) 촉진전략

촉진(Promotion)이란 기업이 구매자에게 설득적인 의사소통을 통하여 판매를
증진하려는 시도를 말합니다. 여러 방식의 촉진활동을 통하여 기업은 소비자들
의 구매의욕을 고취하여 판매량을 증가시켜 높은 성과를 창출할 수 있는 것입니
다. 촉진활동의 유형으로는 광고, 인적판매, 판매촉진, 홍보가 있습니다. 먼저 광
고는 명시된 광고주에 의해 상품을 매체를 통해 제시하는 것으로서, 짧은 시간
에 많은 소비자들에게 접근할 수 있으며 소비자 단위당 촉진비용이 저렴하다는
장점이 있습니다. 하지만 불특정 소비자들을 대상으로 하기 때문에 제공할 수
있는 정보의 양이 제한되어 있으며 소비자에 따라 차별화하기가 어렵다는 단점
이 있습니다. 최근에는 이 같은 단점이 인터넷 알고리즘에 의해 극복되고 있는
추세입니다. 소비자가 평소에 어떤 상품에 관심을 갖는지에 대한 정보를 수집한
다음, 소비자의 선호도에 적합한 상품만을 제시하는 것입니다. 다음으로 인적판
매는 판매원을 매개로 의사소통을 통하여 상품을 소비자에게 제시하는 것입니
다. 인적판매는 소비자가 필요로 하는 정보를 충분하게 제공하여 설득력이 높다
는 장점이 있으나, 개별 소비자를 만나서 정보를 주고 설득하는 과정을 거치기
때문에 속도가 느리다는 단점이 있습니다. 판매촉진은 소비자의 구매를 유도하
고 중간상의 능률을 증진하려는 단기적이며 직접적인 시도를 말합니다. 샘플제
공, 점포진열, 쿠폰제공 등 다양한 수단들을 통하여 판매촉진 효과가 높다는 장
점이 있지만 지속성이 낮다는 단점이 있습니다. 마지막으로 홍보는 매체가 특정
기업의 상품을 기사 형태로 제시하는 것으로서, 신뢰성이 높아 판매촉진 효과가
크다는 장점이 있지만 경우에 따라 기업이 통제하기 어렵다는 단점이 있습니다.

기업이 어떤 촉진활동을 수행하는지는 다음 요인들의 영향을 받게 됩니다.
먼저 상품이 가진 성격입니다. 상품이 소비용품이라면 광고가 적절한 촉진활동
이지만 산업용품이라면 인적판매가 적절한 촉진활동입니다. 시장의 특성도 중요

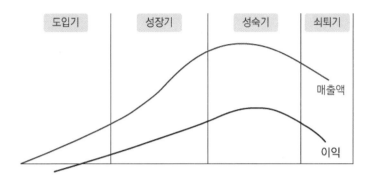

도입기　　　성장기　　　성숙기　　　쇠퇴기

매출액

이익

마케팅 전략은 제품생애주기의 영향을 강하게 받습니다. 도입기는 제품이 처음으로 시장에 출시되는 단계입니다. 이 시기에는 제품에 대한 인지도나 수용도가 낮습니다. 그동안 투자한 개발비용, 판매촉진비용 때문에 이익보다 손실이 더 크게 나타납니다. 성장기가 되면 매출액이 급격히 증가하지만 경쟁제품이 출현하기 때문에 신모델 출시, 유통경로 확대, 가격변경 등을 통해 경쟁우위를 확보해야 합니다. 성숙기에서는 경쟁이 심화되어 매출성장이 둔화되고 이익이 감소하기 시작합니다. 이때 새로운 고객집단을 찾거나 제품사용률을 높이거나, 제품의 품질이나 스타일을 개선해야 합니다. 쇠퇴기가 되면 대체상품이 출현하여 제품의 판매와 이익이 급감합니다. 이 시기에서는 제품의 폐기 여부를 신중히 검토해야 합니다.

합니다. 지리적 공간이 좁은 시장에서는 인적판매가 적합하지만 시장의 크기가 확대되면 광고에 대한 의존도가 증가하게 됩니다. 목표시장의 고객이 최종소비자와 산업소비자, 유통업자 중 누구를 대상으로 하는지에 따라서도 적절한 촉진활동이 달라집니다. 세 번째로 제품의 수명주기에 따라 적절한 촉진활동이 달라져야 합니다. 제품수명주기(Product Life Cycle)란 제품이 시장에 등장했다가 사라질 때까지의 주기를 말하는데, 이 주기는 도입기 - 성장기 - 성숙기 - 쇠퇴기와 같은 4가지 단계를 거치게 됩니다. 각 단계별로 제품전략이 달라져야 하기 때문에 촉진활동도 그에 맞추어 수정되어야 하는 것입니다.

나가며

마케팅은 경영학에서도 가장 실용적인 분야이며 기업의 성과와 생존과도 직결되는 핵심 경영기능입니다. 기업이 아무리 탁월한 제품과 서비스를 시장에 공급하더라도 마케팅 활동이 제대로 수행되지 않는다면 그 제품과 서비스는 소비자들에게 전달될 수 없고, 이것은 기업의 실적악화로 이어져 경영활동을 중단시킬 수 있습니다. 오늘날 기업의 마케터들은 고객들의 욕구와 취향을 치열하게 분석하고 연구개발팀과의 협력 하에 제품의 기능을 획기적으로 개선하여 보다 나은 제품을 시장에 공급하기 위해 전력을 다하고 있습니다. 또한 마케터들은 전략기획팀과의 긴밀한 협조를 통하여 제품의 시장점유율을 확대하기 위한 다양한 전략들을 수립하고 있으며, 그 전략들을 실행하기 위해서 전사적인 차원의 마케팅 활동들을 수행하고 있습니다. 이처럼 마케팅은 기업의 수익창출로 이어지는 경영활동 그 자체를 의미하기 때문에 초경쟁시대에 마케팅의 역할과 영향력은 더욱 중요해질 것으로 보입니다. 그럴수록 마케팅이라는 경영기능의 본질에 대한 심도 깊은 이해가 선행되어야 하며, 그 이해로부터 선도적인 마케팅 전략과 활동이 이뤄져야 할 것입니다.

토의

01 전통적인 마케팅은 고객 욕구(Needs)를 파악하는 것으로부터 시작되지만, 오늘날 선도기업들은 고객들도 인지하지 못하는 새로운 욕구를 찾아내거나 창조하여 가치를 창출합니다. 어떤 예시들이 있을까요?

02 비차별화 마케팅과 차별화 마케팅, 그리고 집중 마케팅 중 오늘날 경영환경에 적합한 목표시장 선정방식은 무엇이라 생각합니까? 스마트폰과 같은 다기능적(Multi-functional) 제품이 시장을 장악하고 있는 현상에 초점을 맞추어 논의해봅시다.

03 아마존과 쿠팡과 같은 기업들은 e-커머스 플랫폼을 통하여 중간거래비용을 제거하는 대신, 판매자와 소비자의 직거래를 매개하는 서비스를 제공함으로써 거래를 효율화하는 데 기여하고 있습니다. 하지만 e-커머스 플랫폼의 잠재적인 문제들은 무엇이 있을까요?

CHAPTER
08

생산관리

CHAPTER
08

생산관리

들어가며

기업이 생산을 해야 가치창출을 할 수 있기 때문에 생산관리는 기업의 근본적인 경영기능입니다. 시장가치를 가진 제품이나 서비스를 생산해서 구매자에게 제공함으로써 기업은 수익을 낼 수 있고 유지될 수 있습니다. 기업의 생산관리는 생산과정의 효율성 극대화를 목표로 합니다. 생산활동이 효율적으로 수행되어야 기업의 수익성이 개선되고 성과가 향상될 수 있기 때문입니다.

생산관리가 어떤 경영기능인지를 더 잘 이해하기 위해서 카페의 예를 생각해봅시다. 커피와 베이글 세트를 판매하는 카페가 있습니다. 종업원은 총 3명으로 1명은 바리스타이며 1명은 베이글을 만들고 1명은 주문을 맡습니다. 주문을 맡은 종업원A가 2명분의 주문을 받는데 1분이 소요되며, 종업원B가 커피 한 잔을 만드는 데 3분이 걸립니다. 종업원C가 1개의 베이글을 만드는 데 2분이 소요됩니다. 이 카페가 1시간에 받을 수 있는 손님은 몇 명일까요? 커피와 베이글 1인분을 제공하기 위해 각 종업원이 투입해야 하는 시간을 계산하면 다음과 같습니다.

종업원A: 0.5분 (주문)
종업원B: 3분 (커피)
종업원C: 2분 (베이글)

1인분의 커피와 베이글 세트를 만들 때 가장 많은 시간이 필요한 종업원은 B이며, 가장 적은 시간이 필요한 종업원은 A입니다. 종업원A가 아무리 빨리 주문을 받고 계산을 마쳐도 커피는 3분에 1잔씩 나오기 때문에 이 카페는 1시간 동

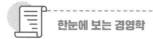

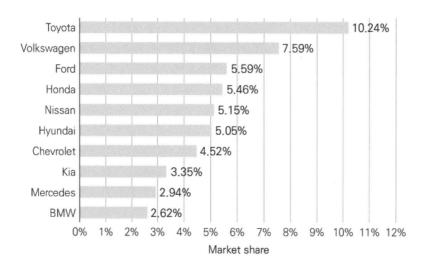

Market share

도요타는 세계 자동차 시장점유율 1위를 차지하고 있는 기업입니다. 도요타의 성공은 미국 시장에서 두드러집니다. 도요타는 어떻게 미국의 제너럴모터스와 포드와의 경쟁에서 이길 수 있었을까요? 바로 도요타가 이뤄낸 생산관리의 혁신 때문입니다. 도요타는 'Just in Time'으로 불리는 적시생산시스템을 가장 먼저 도입했습니다. 필요할 때 필요한 만큼만 생산해내는 이 시스템은 생산시간을 단축시킬 뿐만 아니라 재고를 최소화한다는 이점이 있었습니다. 기본적으로 자동차는 엄청나게 다양한 부품들로 구성되며 그 부품들은 부피가 크고 무겁습니다. 재고를 다량으로 보유하다보면 큰 창고가 필요하고 오래 보유하면 부식이 되어 감가가 시작됩니다. 재고가 존재하게 되면 관리비용과 감가비용이 동시에 발생하기 때문에 자동차 회사는 이 재고를 줄여야 할 대상으로 보고 최소화하려 합니다. 도요타의 적시생산시스템은 재고를 거의 0에 근접하도록 만들어버리면서 높은 품질의 자동차를 낮은 가격에 내놓을 수 있도록 했습니다. 이 같은 생산관리의 혁신이 도요타가 세계 유수의 자동차 회사들을 앞질러 1위에 오른 비결이라고 할 수 있습니다.

안에 20인분(60÷3)의 주문만을 소화할 수 있습니다. 만약 1시간에 20명 이상의 손님이 카페를 찾게 되면 기다리는 손님이 발생할 것이며, 다른 카페로 이탈하는 손님들이 늘어날 것입니다. 이는 카페 입장에서는 큰 손실이 아닐 수 없습니다. 이 카페가 좀 더 빠르게 커피와 베이글을 제공하기 위해서는 병목(Bottleneck)을 찾아야 합니다. 병이 아무리 커도 입구가 좁으면 내용물이 조금씩 나올 수밖에 없듯이, 이 카페의 직원들이 아무리 열심히 일해도 병목을 해소하지 않는 이상 전체 속도가 빨라질 수 없습니다. 그럼 이 카페의 병목은 어디서 발생할까요? 가장 많은 시간이 소요되는 커피입니다. 가장 단순한 해결방법은 바리스타를 추가로 고용하는 것입니다. 바리스타를 1명 더 고용한다면 1잔의 커피 생산시간은

1.5분으로 줄어들게 됩니다. 하지만 베이글의 생산속도가 개당 2분이기 때문에 이 카페는 1시간에 30인분(60÷2)의 주문을 소화할 수 있게 됩니다. 만약 베이글을 만드는 종업원이 속도를 더 높여서 개당 1.5분으로 시간을 단축한다면 1시간에 40인분(60÷1.5)을 제공할 수 있습니다.

이처럼 생산과정의 병목을 고려한 전체 생산속도를 생산관리에서는 스루풋 비율(Throughput Rate)이라고 부릅니다. 전체 생산속도는 속도가 빠른 부서를 따라가는 것이 아니라 속도가 가장 느린 부서를 따라간다는 것입니다. 따라서 생산을 효율화하기 위해서는 생산속도가 가장 느린 부서의 병목을 확장시키는 것이 우선입니다.

1. 생산시스템과 생산공정

기업의 생산시스템이란 투입물(Input)을 산출물(Output)로 변환(Transformation)하는 과정을 말합니다. 원재료, 인적자원 등과 같은 투입물이 생산과정에 들어가서 제품이나 서비스와 같은 산출물로 나오는 것입니다. 생산시스템은 크게 두 가지 유형으로 구분할 수 있습니다. 먼저 주문생산(Make to Order)은 고객이 주문을 하면 그에 맞춰 개별생산을 하는 방식입니다. 주문생산방식은 납기일을 준수하는 것이 중요하며 다품종 소량생산을 위한 단속생산에 적합합니다. 단속생산이란 생산물의 흐름이 연속적이지 않은 생산 형태로서 주문가구, 맞춤의류 등이 대표적 예입니다. 다음으로 시장생산(Make to Stock)은 수요예측을 통해 미리 제품을 대량생산하여 창고에 보관하였다가 고객이 주문하면 재고를 판매하는 방식입니다. 시장생산방식은 수요예측, 생산계획, 그리고 재고관리가 중요하며 소품종 대량생산을 위한 연속생산에 적합합니다. 연속생산이란 생산물의 흐름이 정해진 속도를 갖는 생산 형태로 반도체나 화학제품 등을 예로 들 수 있습니다.

생산시스템의 유형이 결정되면 제품 특성에 따라 적합한 공정을 선택해야 합니다. 기업은 다양한 요인들을 고려하여 공정을 선택하게 됩니다. 먼저 집단관리기법(Group Technology)은 대량생산의 경제적 이점을 실현할 필요가 있을 때 적합한 공정입니다. 제품들을 특성에 따라 집단으로 분류하여 생산을 실시하게 됩니다. 다음으로 모듈러 생산(Modular Production)은 고객들의 효과적인 욕구충족을 위해 다양한 제품을 제공해야 할 때 적합한 공정입니다. 호환가능한 모듈을 통하여 많은 종류의 제품을 생산하게 됩니다. 유연생산시스템(Flexible Manufacturing System)은 생산라인에서의 공정변화를 통하여 여러 종류의 제품을 생산하는 공정이며, 셀형제조방식(Cellular Manufacturing System)은 셀 단위의 기계들을 집단화하여 유연하게 여러 제품들을 생산하는 공정입니다. 마지막으로 컴퓨터 통합생산시스템(Computer Integrated Manufacturing)은 여러 부문들의 정보를 컴퓨터기반 네트워크로 통합하여 효율적으로 제품을 생산하는 공정입니다. 모든 상황에서 가장 효율적인 생산공정은 존재하지 않습니다. 기업은 제품의 특성과 주어진 조건을 고려하여 최적의 생산공정을 선택해야 합니다.

2. 생산시스템의 설계

기업의 생산시스템은 5가지 단계를 거쳐서 설계됩니다. 1단계는 '제품결정 및 설계'입니다. 이 단계의 목표는 고객이 요구하는 제품을 경제적으로 생산하기 위한 설계를 실시하는 것입니다. 제품에 대한 아이디어를 수집하고 심사하며 사업성 분석 및 타당성을 검토한 다음 제품설계를 실시하게 됩니다. 2단계는 '공정설계'입니다. 이 단계의 목표는 제품을 효율적으로 생산하기 위해 연속생산, 단속생산, 프로젝트생산 중 적절한 공정계획을 선택하는 것입니다. 다음 표는 3가지 공정계획의 특성을 요약하고 있습니다. 각 공정계획은 주문형태, 생산흐름, 제품 다양성, 시장 유형, 생산량에 따라 다른 특성을 가집니다. 연속생산의 예로는 화장품, 비누가 있으며, 단속생산의 예로는 과자, 인쇄가 있습니다. 프로젝트 생산의 예로는 선박, 항공기가 있습니다. 3단계는 '설비배치'로 생산활동의 최적 흐름을 실현하는 것이 목표이며 제품별, 공정별, 고정위치별로 3가지 형태가 있습니다. 4단계는 '방법연구'입니다. 이 단계의 목표는 효율적인 작업방법을 모색하는 것입니다. 작업과정에 포함된 불필요한 동작을 제거하기 위하여 작업과정

특성	연속	단속	프로젝트
주문형태	연속제품	배치(Batch)	단일제품
생산흐름	연속적	불규칙	없음
제품 다양성	낮음	높음	매우 높음
시장 유형	매스	커스텀	유니크
생산량	높음	중간	단일

을 과학적으로 분석해서 필요한 동작만으로 구성된 효율적인 작업과정으로 재
설계하는 것입니다. 마지막으로 5단계는 '작업측정'입니다. 이 단계의 목표는 개
선된 작업내용을 유지하는 것입니다. 표준시간 대비 작업시간을 평가하고 피드
백을 공유하고 합리적인 표준시간 유지를 위한 훈련을 실시하게 됩니다.

3. 생산계획

생산계획이란 생산활동에 필요한 자원을 효율적으로 배분하기 위한 계획을
수립하는 것입니다. 기업은 수요예측을 통해 그에 따른 제품계획을 수립한 다
음, 제품계획을 실행하기 위한 생산계획을 수립합니다. 생산계획은 총괄생산계
획, 개별생산계획, 자재소요계획 순서로 수립하게 됩니다. 먼저 총괄생산계획은
주어진 자원과 계절요인을 고려하여 합리적인 수요만족을 목표로 합니다. 주로
2개월에서 최대 1년까지의 중·단기 생산계획을 수립하게 됩니다. 다음으로 개
별생산계획은 납기이행률과 기계가동률의 개선을 통한 효율성 강화, 그리고 재
고의 적정수준 유지를 통한 생산원가 극소화를 목표로 합니다. 개별생산계획은
총괄생산계획을 기반으로 제품별 수요나 주문량을 파악하여 필요한 생산능력을
개별단위에 할당하는 것입니다. 마지막으로 자재소요계획은 개별생산계획에 근
거하여 제품별 생산일정을 계획하는 것입니다. 자재소요계획에서는 제품별 생산
일정과 생산량 정보가 제공되어야 하며, 제품을 제조하는 데 필요한 부품과 재
고에 관련된 정보가 제공되어야 합니다.

4. 품질경영

오늘날의 경영환경에서 기업이 경쟁우위를 확보하기 위해서는 제품생산의 효율성뿐만 아니라 품질관리가 중요합니다. 생산의 효율성과 품질관리는 근본적으로 같은 맥락에 있습니다. 생산 효율성을 '주어진 기간에 얼마나 많은 제품을 생산해내는가'로 본다면, 제품의 결함을 줄이는 것 또한 생산 효율성을 개선하는 방법이기 때문입니다. 품질경영을 위해 기업들은 크게 3가지 경영기법들을 발전시켜왔습니다. 품질관리(Quality Management), 전사적 품질관리(Total Quality Control), 종합적 품질경영(Total Quality Management)이 그것입니다.

(1) 품질관리

품질관리란 소비자가 요구하는 품질의 제품이나 서비스를 산출하기 위한 모든 활동을 말합니다. 여기서 품질(Quality)은 제품 또는 서비스가 특정 표준에 적합한 정도를 의미합니다. 소비자는 제품이나 서비스를 선택할 때 가격뿐만 아니라 품질을 고려하게 됩니다. 오늘날 소비가 고급화되면서 제품과 서비스의 품질이 구매 시 가장 중요한 고려요인이 되고 있습니다.

생산관리 측면에서 품질은 기본적으로 3가지 유형이 있습니다. 먼저 설계품질(Quality of Design)은 제품설계자가 목표로 하는 품질로서 시장조사, 설계개념 및 기술적인 규격 등에 의해 결정됩니다. 다음으로 제조품질(Quality of Conformance)은 설계품질에 적합하게 생산된 정도를 의미합니다. 다른 말로 적합품질이라고도 하며, 일반적으로 사용되는 품질의 개념이 여기에 해당됩니다. 마지막으로 사용품질(Quality of Use)은 소비자가 실제로 인식하는 만족감의 정도를 의미합니다. 소비자가 제품이나 서비스를 실제로 사용하고 소비한 후 만족감이나 불만족감을 인식하면서 결정됩니다.

기업이 품질관리를 수행할 때 품질비용이 수반됩니다. 품질비용에는 설계에서부터 판매에 이르기까지 제품의 품질과 관련하여 발생하는 모든 종류의 비용들이 포함됩니다. 크게 두 종류의 품질비용이 존재합니다. 생산흐름으로부터 불량품을 제거하는 활동과 관련된 통제비용(Control Cost)이 있으며 원재료 검사비용과 공정관리비용 등을 예로 들 수 있습니다. 생산된 제품의 품질이 일정수준에 미치지 못할 때 발생하는 실패비용(Failure Cost)에는 불량품 원가, 판매 후 서비스 원가 등이 있습니다.

(2) 전사적 품질관리

전사적 품질관리는 품질향상을 위해 기업의 전사적 활동을 조정 및 통합하는 시스템을 의미합니다. 일반적인 품질관리는 특정 부서가 품질경영을 책임지지만, 전사적 품질관리는 품질경영이 모든 구성원들의 책임하에 있다고 봅니다. 또한 생산된 제품의 사후검사가 아닌 불량품 발생을 미연에 방지하는 데 초점을 맞추게 됩니다. 기업의 전사적 품질관리를 위한 핵심 관행으로 무결점운동(Zero Defects)과 품질분임조(Quality Circle)가 있습니다. 먼저 무결점운동은 구성원들의 자발적인 품질향상을 위한 동기부여를 강화하는 것입니다. 품질을 획기적으로 향상시킨 구성원에게 표창장을 수여하는 것이 대표적인 예입니다. 다음으로 품질분임조는 품질문제해결을 위한 소집단을 말합니다. 동일 부서나 같은 작업장에서 근무하는 8~10명의 종업원들이 품질과 관련된 문제를 분석하고 상호해결하기 위해 정기적인 모임을 가지게 됩니다.

(3) 종합적 품질경영

종합적 품질경영은 고객 위주의 전사적 품질향상운동이라고 할 수 있습니다. 종합적 품질경영은 생산현장을 초월하여 기획, 설계, 생산, 판매 등 모든 경영활동에서의 경쟁우위 추구를 목표로 합니다. 전사적 품질관리와는 여러 면에서 큰 차이가 있습니다. 전사적 품질관리는 공급자 위주, 생산현장 중심의 품질경영이며 불량률을 줄이는 데 초점을 맞추고 있다면, 종합적 품질경영은 구매자 위주로 모든 부문들이 참여하며 총체적 품질향상에 초점을 맞춥니다. 또한 전사적 품질관리가 구성원들의 자율적인 품질관리를 유도하는 것이라면 종합적 품질관리는 구성원들의 반강제적인 참여를 요구합니다. 기업이 중시하는 사고방식도 다릅니다. 전사적 품질관리는 제품 중심적 사고를 지향한다면, 종합적 품질경영은 고객지향적 사고를 지향한다는 차이가 있습니다. 과거에는 제품의 품질상 하자가 없는 수준이라면 고객이 만족했지만, 오늘날에는 경쟁제품을 압도하는 품질이어야만 고객을 만족시키고 경쟁우위를 확보할 수 있기 때문입니다. 따라서 생산 관련 부서들만이 품질경영을 실시하는 수준에서 기획, 마케팅, 인사, 재무 등 모든 부서들의 역량이 집중되는 품질경영을 실시해야만 하는 것입니다. ISO9001, ISO16001 등과 같은 품질 관련 국제표준의 확산도 기업들이 종합적 품질경영을 강화하도록 압박을 가하고 있습니다.

애플의 제품들은 높은 수준의 품질로 많은 인기를 끌고 있습니다. 애플의 고품질은 단순히 애플의 제조부서에서 정한 기준을 따른 결과가 아니라, 경영진이 적극적으로 개입하여 전사적 차원의 기준을 설정한 결과입니다. 아이폰 출시 이전 통신기기를 제대로 만들어본 경험이 없었던 애플은 초기 모델에서 '데스그립(Death Grip)'과 같은 전파방해 문제가 빈번하게 발생하였고, 디스플레이 색상이 변하거나 배터리가 급격히 소모되는 등의 여러 품질문제들이 발생했습니다. 하지만 품질개선에 대한 경영진의 강력한 의지와 이를 지원하는 모든 부서들의 긴밀한 협력이 짧은 시간 내에 아이폰의 품질을 세계적인 수준으로 끌어올리게 만든 것입니다.

나가며

생산관리는 기업의 핵심 경영기능이지만 오늘날에는 많은 기업들이 아웃소싱을 선택하는 경영기능이기도 합니다. 과거의 기업들은 제품의 기획부터 생산과 판매까지 모든 가치사슬의 기능들을 직접 수행했지만, 정보통신기술의 발전과 생산공정의 자동화로 인해 기업들은 효과적·효율적으로 생산기능을 조직 외부에서 수행할 수 있게 되었습니다. 예를 들어, 애플은 아이폰과 아이패드와 같은 핵심 제품들을 미국이 아닌 중국 폭스콘사에서 위탁생산합니다. 이케아와 같은 가구업체들도 이제는 가구의 디자인과 설계에 역량을 집중하는 대신 원자재 조달과 유통 및 판매는 아웃소싱을 선택하고 있습니다. 이처럼 많은 기업들이 핵심역량에 집중하고 효율성을 극대화하기 위해 우선적으로 생산관리 기능을 먼저 외부화하고 있는 상황입니다. 하지만 부작용도 있습니다. 모든 생산과정이 기업의 관리하에 이뤄지지 않다보니 원자재와 조립 불량이 빈번하게 발생하여 이와 관련된 기업의 윤리경영이 이슈가 되고 있습니다. 맥도날드의 '햄버거병' 발생이 대표적인 사례입니다. 맥도날드는 오래전부터 일부 생산과정을 아웃소싱하여 효율성을 최고 수준으로 높이는 데 성공한 기업이지만, 불량패티를 납품받아 사용하면서 어린이들의 식중독 집단감염을 일으켰다는 의혹을 받아 보이콧 운동의 대상이 되기도 했습니다. 이처럼 생산관리 기능을 기업 외부에서 수행하는 것은 효율성을 높이는 데 크게 기여하지만 동시에 품질안전 문제를 잠재적으로 유발할 수 있다는 문제가 있습니다. 결국 현대 기업들의 생산관리는 효율성과 품질관리라는 이 두 가지 목표들을 모두 충족시키는 것이 핵심 과제라고 볼수 있습니다.

토의

01 종합적 품질경영의 '고객지향적 사고'라는 것은 어떤 의미일까요? 고객을
만족시키고 경쟁제품을 압도하는 품질이란 구체적으로 어떤 수준을 의미하
는지 논의해봅시다.

02 기업의 생산관리 부서와 마케팅 부서는 목표가 상이하기 때문에 갈등이 발
생할 가능성이 매우 높습니다. 두 부서의 원만한 협력을 이끌어내기 위해
서는 어떤 방법이 있을까요?

03 기업이 생산기능의 아웃소싱을 통하여 효율성을 높이면서도 고품질을 유지
하기 위해서는 어떤 방법이 있는지 논의해봅시다.

한눈에 보는
경 영 학

CHAPTER
09

회계 · 재무관리

CHAPTER
09

회계·재무관리

들어가며

기업의 회계·재무관리는 돈과 관련된 경영기능입니다. 기업이란 존재는 이익을 내야만 유지될 수 있습니다. 이 관점에서 돈을 관리하는 회계·재무관리는 마치 사람이 호흡하고 먹고 자는 것과 같은 기업의 필수적인 활동이라 볼 수 있습니다. 회계관리와 재무관리는 상이한 경영기능입니다. 전자는 기업의 경영활동을 정해진 법칙에 따라 기록하여 자료를 만들고 이를 비판적으로 분석하는 행위라면, 후자는 기업의 자금을 조달하고 이를 효율적으로 운용하는 행위를 말합니다. 이러한 차이로 인해 기업에는 회계관리부서와 재무관리부서가 따로 존재하며 두 부서가 수행하는 과업의 성격이 크게 다릅니다. 하지만 두 경영기능은 기업이 정상적인 경영활동을 수행하기 위해서는 반드시 존재해야 한다는 점, 그리고 기업의 재무자원을 관리한다는 점에서 공통점을 가지고 있습니다.

1. 회계관리의 중요성

흔히 회계를 경영의 언어라고 말합니다. 나라마다 언어는 다르더라도 기업의 재무정보를 보면 그 기업의 상태를 누구나 알 수 있다는 것입니다. 결국 회계관리는 기업의 경영상태를 숫자로 표현하는 경영기능입니다. 보다 정확히는 기업의 자원 흐름을 수치화하는 경영기능이라 말할 수 있습니다. 따라서 회계관리가 생산하는 재무정보는 기업의 합리적 의사결정에 중요한 기반이 됩니다.

회계관리는 기업들뿐만 아니라 사회에도 큰 영향을 미칩니다. 회계기준에 따라 기업들의 행동양상이 달라지는 것이 대표적인 예입니다. 회계기준에는 일반

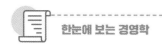

회계원칙(GAAP: Generally Accepted Accounting Principles)과 국제회계기준(IFRS: International Financial Reporting Standards)이 있습니다. 과거에는 각 국가별로 상황에 맞는 회계기준인 일반회계원칙을 사용해왔지만, 글로벌 무역이 활발해지면서 국가마다 다른 회계기준은 여러 가지 문제를 일으켰습니다. 예를 들어, 우리나라 기업이 일본과 미국 사이의 중계 무역을 할 때 일본과 미국에서 각기 다른 회계기준에 따라 장부를 작성해야 하는 비효율성이 발생했습니다. 정보이용자 입장에서도 국가마다 다른 회계기준에 따라 작성된 회계정보를 분석하는 데 많은 노력이 필요했습니다. 이러한 문제들 때문에 회계정보의 국가 간 비교가능성을 높이기 위해 국제적으로 통일된 회계기준을 적용할 필요성이 대두되었고, 그 결과 국제회계기준이 도입되어 우리나라도 2009년부터 단계적으로 반영해서 현재는 모든 기업들이 국제회계기준을 사용하고 있습니다. 그런데 이 국제회계기준은 기업이 보유한 모든 부채, 유형자산, 무형자산, 금융자산, 부동산 등의 공정가치를 평가하도록 의무화하고 있다는 특성이 있습니다. 기업이 과거에 어떤 공장을 구입했을 때 일반회계원칙은 그 공장을 매각해서 손실이 확정되기 전에는 구입가격을 그대로 반영하지만, 국제회계기준은 공장의 떨어진 가치를 재무정보에 반영하도록 의무화하는 것입니다. 또한 일반회계원칙은 기업과 종속회사의 실적과 자산을 별도로 취급하였지만, 국제회계기준은 기업이 종속회사의 실적과 자산을 포함시켜 장부를 작성하도록 의무화하였습니다. 국제회계기준이 도입되기 전에는 내부거래를 통하여 가치를 부풀리는 기업들이 많았지만 도입 이후에는 그것이 원천적으로 차단된 것입니다. 이처럼 단순한 회계기준 제도의 변화가 기업의 평가가치를 크게 달라지게 할 뿐만 아니라 관습처럼 이뤄져온 행태도 달라지게 만드는 것입니다. 기업이 회계관리를 제대로 하지 않으면 분식회계의 위험이 발생합니다. 분식회계란 경영성과가 실제보다 좋아 보이도록 회계장부상 정보를 고의로 조작하는 행위를 말합니다. 엔론(Enron)은 분식회계의 고유명사 같은 기업입니다. 엔론은 기업가치를 높이기 위해 여러 자회사들을 설립해놓고 내부거래를 통해 장부상의 이익을 늘렸습니다. 하지만 분식회계가 드러나면서 기업 자체가 해체되어 버렸습니다. 우리나라에도 분식회계로 대표적인 기업이 있습니다. 1997년 외환위기 이전 재계 3위까지 올라갔던 대우그룹은 무려

엔론은 2000년대 초반 '가장 일하고 싶은 기업 1위'로 뽑힐 만큼 존경받는 기업이었지만, 전례 없는 분식회계는 16만 명의 직원들을 실업자로 만들었으며 주당 80달러에 이르던 주가가 1달러 수준으로 폭락하여 휴지조각이 되었습니다. 엔론사태는 분식회계의 위험성과 피해규모를 잘 보여주는 대표적인 사례입니다.

41조 원 규모의 회계조작을 한 것이 드러나 이후 그룹이 공중분해되었습니다. 이처럼 회계관리는 기업들의 공정한 경쟁과 투자자들에게 정확한 정보를 제공하기 위해서 매우 중요합니다.

2. 회계관리의 목적과 유형

회계관리는 기업의 경영활동에 관한 정보를 측정하여 정보이용자들에게 전달하는 경영기능입니다. 회계관리는 다음과 같은 정보제공의 목적을 가지고 있습니다. 첫 번째 목적은 투자 의사결정에 대한 정보를 제공하는 것이며 이 정보는 주주나 채권자와 같은 투자자들에게 의미가 있습니다. 두 번째 목적은 자원의 효율적 관리를 위한 정보를 제공하는 것입니다. 이 정보는 기업의 경영자가 의사결정을 내리는 데 의미가 있습니다. 마지막 세 번째 목적은 사회적 기능과 통제를 합리화하기 위한 정보를 제공하는 것이며 이 정보는 정부나 금융기관을 대상으로 합니다.

회계관리의 유형은 정보이용자의 유형에 따라 재무회계와 관리회계로 구분할 수 있습니다. 먼저 재무회계(Financial Accounting)는 외부의 이해관계자들에게 기업의 재무상태, 경영성과 및 현금흐름에 관한 회계정보를 제공하는 것입니다. 주로 투자자들이 기업의 재무제표를 분석하여 투자 의사결정을 내리게 됩니다. 다음으로 관리회계(Managerial Accounting)는 경영자가 의사결정을 내리고 통제 기능을 수행할 때 필요한 정보를 제공하는 것입니다. 경영자는 제품의 단위당 원가와 목표매출액을 고려하여 의사결정을 내릴 때 이 정보를 참고하게 됩니다.

3. 재무제표와 회계정보

재무제표는 회계관리에서 제공하는 가장 중요한 산출물입니다. 재무제표만 제대로 분석해도 기업의 경영상태가 어떤지를 파악할 수 있기 때문입니다. 이 재무제표를 작성할 때 지켜야 할 3가지 가정이 있습니다. 첫째로 기업실체의 가정이 있습니다. 기업은 소유주와 별개인 독립된 하나의 실체로 존재한다는 것입니다. 이 가정에 따라 개인과 기업의 거래를 구분해야 합니다. 자신이 기업의 소유주라고 해도 소유주 입장이 아닌 기업의 입장에서 거래를 인식하고 보고해야 합니다. 두 번째로 계속기업의 가정이 있습니다. 기업은 영속적으로 존재하며 기업의 활동은 지속된다는 것입니다. 현실적으로는 기업이 부도가 나는 경우도 있지만 정상적인 기업의 목표는 기업을 유지하는 것이므로 재무제표는 기업이 계속 존재할 것이라는 가정하에 작성되어야 합니다. 세 번째로 기간별 보고의 가정이 있습니다. 기업의 영업활동을 일정기간 단위로 구분하여 기간별 재무상태와 경영성과를 보고해야 합니다. 기업의 실제 영업활동은 연속적으로 일어나지만 인위적으로 일정기간 단위로 구분하여 보고해야 하는 것입니다.

재무제표에 담겨진 회계정보는 다음과 같은 질적 특성을 갖춰야 합니다. 첫째는 목적적합성입니다. 회계정보가 의사결정시점에 이용가능하도록 적시에 제공되어야 합니다. 둘째는 신뢰성입니다. 회계정보는 객관적으로 검증가능해야 합니다. 셋째는 비교가능성입니다. 기간별로 비교가 가능해야 하며 기업들 간에도 비교가 가능해야 합니다. 넷째로 중요성입니다. 회계정보는 중요성에 따라 실용적으로 처리해야 하는데, 여기서 회계적 중요성이란 회계정보가 정보이용자의 의사결정에 영향을 미치는 정도를 의미합니다. 회계정보의 질적 특성들은 상충될 수도 있습니다. 예를 들어, 정보를 적시에 제공하기 위해서 거래내용이 확정되기 전에 보고를 하게 되면 목적적합성은 충족되지만 신뢰성이 떨어질 수 있습니다. 그래서 질적 특성들이 상충될 경우 보고목적을 최대한 달성할 수 있는 방향으로 회계정보를 처리해야 합니다.

재무제표의 유형에는 대차대조표, 손익계산서, 자본변동표, 현금흐름표 등이 있습니다. 이 중 가장 일반적으로 사용되는 재무제표인 대차대조표와 손익계산

과목	금액	과목	금액
자 산		부 채	
Ⅰ. 유동자산	25,451,726,544	Ⅰ. 유동부채	74,275,086,353
현금 및 현금성자산	37,990,818	매입채무	6,249,388,909
단기금융상품		기타채무	2,266,311,080
매출채권	10,217,076,142	단기차입금	43,165,391,854
기타채권	281,648,219	유동성 장기 차입금	800,000,000
재고자산	14,781,966,732	전환사채_유동	21,613,892,473
당기 법인세 자산	22,820	기타 유동부채	180,102,037
기타 유동자산	133,021,813	기타 유동성 금융부채	
Ⅱ. 비유동자산	131,960,945,665	당기 법인세 부채	
장기금융기관예치금		유동성 이연법인세 부채	
장기기타채권		Ⅱ. 비유동부채	28,171,791,339
FVPL 금융자산	10,905,484	장기차입금	10,400,000,000
유형자산	131,325,146,780	전환사채	
투자 부동산	7,564,684	순확정 급여 부채	613,620,452
무형자산	164,750,000	비유동성 이연법인세 부채	17,158,170,887
기타 비유동 자산	452,578,717		
		부 채 총 계	102,446,877,692
		자 본	
		자본금	10,799,942,500
		기타 불입자본	-5,760,571,541
		기타 자본 구성요소	17,700,875,244
		이익잉여금	32,225,548,314
		자 본 총 계	54,965,794,517
자 산 총 계	157,412,672,209	부채와 자본총계	157,412,672,209

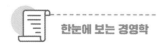

서에 대해 알아보겠습니다. 먼저 대차대조표는 일정 시점의 기업의 재무상태를 보여주는 보고서입니다. 위의 표는 대차대조표의 예시입니다. 대차대조표에서 자산 계정은 왼쪽에, 부채와 자본 계정은 오른쪽에 작성하게 됩니다. 여기서 자산이란 한 기업이 소유하고 있는 재무자원을 말하고 세부적으로는 유동자산과 비유동자산이 있습니다. 부채란 한 기업이 타인 또는 다른 기업에게 갚아야 할 채무를 말합니다. 부채에도 유동부채와 비유동부채가 있습니다. 자본은 기업의 소유주가 출자한 재무자원과 기업이 벌어들인 이익 중 소유주에게 돌려주지 않고 유보시킨 이익의 합계액을 말합니다. 여기서 주목해야 할 것은 자산이 부채와 자본을 합친 개념이라는 것입니다. 위 표에서도 자산총계와 부채와 자본의 총계가 일치하는 것을 확인할 수 있습니다.

다음으로 손익계산서는 일정기간 동안 기업의 영업활동의 결과로 발생한 순이익(또는 순손실)에 대한 보고서를 말합니다. 아래 표는 손익계산서의 예시입니다. 손익계산서에는 중요한 두 가지 단어가 나타나는데 수익과 비용이 그것입니다. 수익은 상품을 판매하거나 서비스를 제공해주고 받은 가치를 의미하고, 비용은 수익을 창출하는 과정에서 소비된 자산의 원가 또는 창출된 부채를 의미합

과목	금액	
매출액		1,150,000
매출원가		(-)650,000
매출총이익		500,000.
영업비용		(-)220,000
급여	(-)150,000	
임차료	(-)70,000	
영업이익		280,000
금융수익		50,000
이자수익	50,000	
금융비용		(-)30,000
이자비용	(-)30,000	
법인세차감전이익		300,000
법인세비용		(-)90,000
당기순이익		210,000
기타포괄손익		20,000
매도가능금융자산평가이익	20,000	
총포괄이익		230,000
주당순이익		300원

니다. 여기서 수익이 비용보다 많으면 순이익이 발생하며, 반대로 비용이 수익보다 많으면 순손실이 발생하는 것입니다. 손익계산서는 총이익에서 각종 비용을 차감해가며 아래로 작성합니다. 먼저 매출액에서 매출원가를 차감하여 매출총이익을 기입하고, 여기서 영업비용을 차감하면 영업이익이 됩니다. 그리고 영업이익에서 금융수익을 더하고 금융비용을 차감하게 되면 법인세차감전순이익이 됩니다. 일반적으로 금융수익과 금융비용은 이자와 관련된 수익과 비용을 뜻합니다. 법인세차감전순이익은 말 그대로 법인세를 적용하기 전 순이익을 의미하며 여기서 법인세비용을 차감하면 당기순이익이 산출됩니다.

4. 재무관리의 중요성

재무관리는 기업의 효과적인 자원 배분을 목표로 하는 경영기능입니다. 기업이 경영활동을 수행하는 데 필요한 자금조달을 계획하고 실행하며, 합리적인 투자를 통해 새로운 가치를 창출하는 것이 재무관리의 역할입니다. 특히 재무관리는 투자안을 합리적으로 평가하기 위해서 더욱 중요합니다. 뒤에서 다루게 될 순현재가치(NPC), 내부수익률(IRR) 등과 같은 기준들은 어떤 투자안의 가치를 평가할 때 유용합니다. 또한 재무관리의 다각화 전략은 투자안의 위험을 분산시켜줍니다. 'High Risk, High Return'이라는 유명한 말이 있듯이 일반적으로 높은 수익에는 높은 위험이 따르지만 재무관리의 투자 포트폴리오는 투자안의 수익성은 유지하는 대신 그에 대한 위험을 낮춤으로써 투자자들과 기업들에게 실질적인 도움을 제공하고 있습니다.

기업경영의 관점에서 재무관리의 목표는 기업의 이익극대화입니다. 일반적으로 사람들이 기업을 생각할 때 떠오르는 목표가 바로 이것입니다. 하지만 이 목표의 문제점은 이익만으로는 기업이 얻을 경제적 성과를 정확하게 포착할 수 없다는 것입니다. 회계장부상 이익이 얼마라는 것만으로는 기업이 중장기적으로 확보한 모든 성과를 파악할 수 없습니다. 또한 이 목표는 화폐의 시간가치를 무시하고 기업이 얻을 수 있는 이익의 질적 가치를 반영하고 있지 않다는 문제가 있습니다. 예를 들어, 현재 시점에는 이익으로 평가될 투자 의사결정이 시간이 지남에 따라 그 가치가 떨어질 수 있으며, 기업의 평판이나 지위와 같은 무형자산의 가치는 장부상 이익으로 전환되지 않습니다. 결국 이익극대화는 재무관리의 전통적인 목표지만 위 문제점들로 인해 한계가 명확하다고 할 수 있습니다.

대안적인 목표는 바로 기업가치의 극대화입니다. 기업의 미래 현금흐름을 발생시기와 불확실성을 고려하여 할인한 현재가치의 총합으로 계산하는 것입니다. 여기서 '할인'이라는 말은 이자율이나 물가를 고려해서 미래에 얻을 가치를 현재 가치로 전환시키거나, 반대로 현재 가치를 미래 가치로 전환시키는 것을 말합니다. 대치동 은마아파트의 가치가 30년 전 1억 원이었는데 현재 30억 원이라고 한다면 30년 동안 가치가 30배 상승했다고 생각하기 쉽습니다. 하지만 정확하게 그 가치를 평가하기 위해서는 할인을 고려해야 합니다. 30년 전 1억 원에 그간의 은행이율이나 물가상승률을 복리로 곱하여 계산된 가치를 현재의 30억 원과 비교해야 하는 것입니다. 기업가치의 극대화는 현대적 주식회사의 목표가 주주들의 부를 극대화하는 것이라는 개념과도 일맥상통합니다. 경영자는 단순히 장부상의 이익만을 추구하는 것이 아니라 중장기적 관점에서 주주들의 부에 기여할 수 있는 의사결정을 내려야 한다는 것입니다.

5. 기업의 재무활동

다음 그림에서 볼 수 있듯이 기업의 재무담당자는 금융시장을 통하여 필요한 자금을 조달한 후 그 자금을 실물자산에 투자합니다. 이렇게 투자의 결과로 생성되는 성과인 현금이 자금제공자인 투자자에게 배당 또는 이자의 형태로 지불되거나 재투자를 위하여 기업 내부에 유보됩니다. 이 흐름이 선순환을 이루기 위해서는 기업은 투자자가 제공하는 자금보다 더 많은 현금을 투자자에게 제공해야 합니다. 흔히 우량주라 불리는 기업들은 이런 흐름이 선순환을 가진다고 볼 수 있습니다. 투자자들에게 돌아가는 몫이 많기 때문에 주식에 대한 수요가

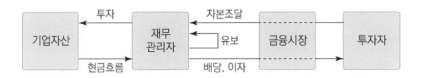

많고, 기업이 이런 투자활동을 잘 수행하기 때문에 미래에 대한 가치가 높게 평가되어 주식가치가 상승하는 것입니다.

6. 재무분석과 재무지표

기업의 경영활동을 재무적으로 분석할 때 일반적으로 사용되는 주요한 재무지표에는 유동성 비율(Liquidity Ratio), 레버리지 비율(Leverage Ratio), 수익성(Profitability)이 있습니다. 먼저 유동성 비율은 기업의 단기채무에 대한 지급능력을 측정합니다. 기업이 유동자산을 많이 가지고 있어야 만기가 돌아오는 부채들을 쉽게 갚을 수 있기 때문에 유동성은 매우 중요한 지표입니다. 유동성이 떨어지는 기업은 사업이 아무리 건실해도 유동부채를 갚을 능력이 떨어지기 때문에 부도가 날 가능성이 매우 높습니다. 기업의 유동성 비율은 유동자산을 유동부채로 나눈 값에 100을 곱하여 계산합니다. 다음으로 레버리지 비율은 기업의 타인자본에 대한 의존도를 측정합니다. 기업이 외부 자본에 대한 의존도가 높다는 것은 곧 기업의 재무구조가 불안정하다는 것을 의미합니다. 투자자들이나 채권자들이 자본을 빼내려고 할 경우 기업의 재무상태가 악화될 수 있기 때문입니다. 기업의 레버리지 비율은 유동부채와 고정부채를 자기자본으로 나눈 값에 100을 곱하여 측정할 수 있습니다. 수익성이란 기업의 경영활동에 대한 종합적인 결과로 나타난 일정기간 동안의 경영성과를 의미합니다. 순이익을 무엇으로 나누는지에 따라 총자산이익률(ROA: Return on Assets), 자기자본이익률(Return on Equity), 매출순이익률(ROS: Return on Sales) 등 다양한 수익성 지표가 존재합니다.

재무지표	유동성	레버리지	수익성
의미	단기채무 지급능력	타인자본 의존도	경영성과
측정방법	유동비율(%)= $\dfrac{\text{유동자산}}{\text{유동부채}} \times 100$	부채비율(%)= $\dfrac{\text{유동부채+고정부채}}{\text{자기자본}} \times 100$	총자산이익률(%) = $\dfrac{\text{순이익}}{\text{자산}} \times 100$

이 세 가지 재무지표들 외에도 다양한 재무지표들이 폭넓게 활용되고 있지만, 이 지표들은 과거자료를 기준으로 한다는 한계가 있습니다. 기업의 과거 재무성과를 기준으로 만들어진 지표이기 때문에 기업의 재무성과가 앞으로도 동일할지는 알 수 없습니다. 또한 이 지표들은 비교대상을 정하기 어렵습니다. 재무지표를 측정하는 방법은 동일하더라도 기업마다 대내외 상황이 다르기 때문에 객관적인 비교가 어렵기 때문입니다. 그리고 이 지표들은 질적 성과를 반영하고 있지 않습니다. 기업의 이미지나 명성도 중요한 자산이지만 수치상으로는

테슬라 · 도요타 주가 추이

2020년 중순 테슬라는 도요타를 제치고 세계 자동차 시가총액 1위로 올라섰습니다. 불과 2~3년 전만 해도 테슬라는 적자를 면치 못하는 상태였고 언제 망할지 모르는 회사라는 말이 늘 나왔습니다. 하지만 모델3을 출시한 뒤로 실적이 개선되면서 주가가 큰 폭으로 상승하기 시작했습니다. 다른 자동차 제조사들에 비해 테슬라의 생산능력은 여전히 크게 낮은 수준이지만, 테슬라가 보유한 전기차 기술과 자율주행 기술에 대한 낙관적인 전망이 테슬라의 주가를 1위로 견인한 것입니다.

확인할 수 없기 때문입니다. 최근에는 재무지표만을 참고하여 투자 의사결정을 내리기보다는 기업의 비전이나 미래전략, ESG경영 등을 근거로 투자 의사결정을 내리는 경향이 확산되고 있습니다.

7. 투자안의 평가방법

재무관리의 역할 중 하나는 투자안을 평가하여 합리적인 의사결정을 내릴 수 있도록 돕는 것입니다. 투자안 평가에는 여러 방법이 있지만 그 중 일반적으로 사용되는 평가방법에는 순현재가치(NPV), 내부수익률(IRR), 회수기간(Payback Period)이 있습니다.

먼저 순현재가치(NPV: Net Present Value)는 편익의 현재 가치에서 비용의 현재 가치를 차감한 값을 말합니다. 여기서 '편익'이란 경영활동의 결과로 발생하는 산출물의 경제적 가치를 의미합니다. 순현재가치는 투자의 결과로 유입되는 현금흐름의 현재 가치와 유출되는 현금 흐름의 현재 가치의 차이를 의미한다고 볼 수 있습니다. 순현재가치를 계산하는 공식은 아래와 같습니다. i와 n은 각각 이자율과 투자기간을 의미합니다.

$$\text{순현재가치(NPV)} = \frac{\text{미래현금유입}}{(1+i)^n} - \text{초기 투자금액}$$

현재 가치를 계산하기 위해서는 예상되는 현금흐름을 이자율의 복리로 나눠야 합니다. 만약 어떤 투자의 결과로 1년 뒤에 100만 원을 받을 것으로 예상된다면 그 현재 가치는 100만 원을 이자율 i에 1을 더하여 나눈 값입니다. 쉽게 말해 지금 얼마를 은행에 입금해야 1년이 지났을 때 100만 원이 되는지를 알아내는 원리입니다. 100만 원의 현금흐름이 n년 후로 예상된다면 $(1+i)^n$로 100만 원을 나누어야 합니다. 현금흐름의 순현재가치를 고려하지 않고 투자를 하게 되면 실질적으로는 손실을 입을 가능성이 높습니다. 90만 원을 투자했는데 1년

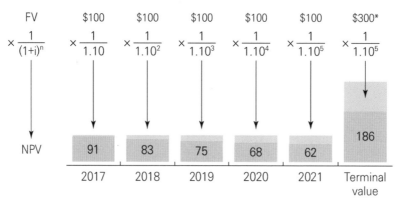

$$\times \frac{1}{(1+i)^n} \quad \times \frac{1}{1.10} \quad \times \frac{1}{1.10^2} \quad \times \frac{1}{1.10^3} \quad \times \frac{1}{1.10^4} \quad \times \frac{1}{1.10^5} \quad \times \frac{1}{1.10^5}$$

Net Present Value(NPV)=$565

위 그림은 순현재가치를 고려하여 투자 의사결정을 내리는 과정을 보여주고 있습니다. 2017년부터 2021년 까지 매년 100달러씩의 수입이 예상되고, 마지막에 300달러 수입이 예상되는 투자안이 있습니다. 이자율이 10%라고 한다면 2017년에 들어올 100달러의 현재가치는 91달러가 됩니다. 2018년의 100달러의 현재가 치는 83달러이며, 2019년과 2020년의 들어올 100달러의 현재가치는 각각 75달러와 68달러, 2021년에 들어올 100달러의 현재가치는 62달러가 됩니다. 여기에 마지막에 들어올 300달러의 현재가치인 186달러까 지 모두 합하면 2017년 기준 현재가치는 565달러가 됩니다. 만약 초기 투자금액이 565달러보다 적다면 이 투자안을 채택하는 것이 합리적이지만 그보다 높다면 이 투자안은 기각하는 것이 합리적입니다.

뒤에 100만 원이 된다면 이익을 낼 것이라 생각하기 쉽지만, 실제 이자율을 고려한 100만 원의 현재가치가 85만 원이라면 오히려 5만 원의 손실을 입는 투자안이 됩니다. 따라서 순현재가치가 0을 넘어서는 투자안을 채택해야 합리적인 투자 의사결정을 내릴 수 있는 것입니다.

다음으로 내부수익률(IRR: Internal Rate of Return)은 최소한 손해를 보지 않는 이익률을 구하는 평가방법입니다. 내부수익률은 투자의 결과로 유입되는 현금흐름의 현재 가치와 유출되는 현금흐름의 현재 가치를 같아지게 하는 할인율을 의미합니다. 다음 수식은 내부수익률을 구하는 공식입니다. 예상되는 현금흐름을 이자율로 나눈 값과 초기 투자비용을 같아지게 만드는 내부수익률 i를 찾아내는 것입니다.

$$\frac{미래현금유입}{(1+i)^n} \;=\; 초기\;투자금액$$

내부수익률을 기준으로 투자안의 수익률이 그보다 높다면 채택하는 것이 합리적이며 그보다 낮다면 기각하는 것이 합리적입니다. 미래 현금흐름과 초기 투자비용을 비교하여 의사결정을 내린다는 점에서 순현재가치와 원리는 동일합니다.

마지막으로 회수기간은 투자에 소요된 모든 비용을 회수하는 기간을 고려하여 의사결정을 내리는 평가방법입니다. 예상 회수기간과 목표 회수기간을 비교하여 투자안을 채택하거나 기각하는 의사결정을 내리게 됩니다. 아래 표와 같이 현금흐름이 예상될 때 초기에 투자한 80만 원을 회수하는데 몇 년이 필요할까요? 3년이 지나면 누적해서 95만 원이 유입될 것이니 회수기간은 3년 내라 생각하기 쉽습니다. 하지만 이 경우는 현금유입의 현재가치를 고려하지 않고 계산한 것이라 정확하지 않습니다. 현재 투자한 80만 원의 가치와 3년 뒤에 회수할 80만 원의 가치는 다르기 때문입니다. 회수기간을 정확하게 계산하기 위해서는 각 연도별 예상되는 현금유입에 이자율을 적용하여 현재가치를 계산해야 합니다. 그렇게 계산한 결과 예상 회수기간이 2.5년이라고 할 때, 처음 투자할 때 목표했던 회수기간보다 짧으면 합리적인 투자안으로 채택할 수 있지만 반대로 길면 투자안을 기각할 수 있는 것입니다.

연도	현금유입	누적 현금유입
1년차	25만원	25만원
2년차	40만원	65만원
3년차	30만원	95만원
4년차	45만원	140만원

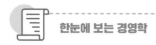

나가며

기업이 경영활동을 정상적으로 수행하기 위해서는 재무자원이 필수적임을 고려할 때, 회계·재무관리는 그 어떤 경영기능보다도 중요도가 높다고 볼 수 있습니다. 기업이 내외부의 이해관계자들에게 정확한 경영정보를 적시에 제공하고 합리적인 투자 의사결정을 내리기 위해서는 회계관리와 재무관리의 역할이 매우 중요합니다. 실제로 기업에서는 회계·재무관리 관련 부서들이 가장 큰 영향력을 행사하고 있으며, 기업은 CFO와 같은 고위직책을 두어 재무자원을 전략적으로 관리하고 있습니다. 미래의 회계·재무관리가 나아갈 방향은 바로 무형자산에 대한 관리와 평가에 있습니다. 앞으로의 시대에서는 유형자산보다 무형자산의 가치가 더 커질 것으로 전문가들은 전망하고 있습니다. 돈, 설비, 토지 등과 같은 유형자산보다 온라인 플랫폼, 고객 알고리즘, 네트워킹 기술 등과 같은 무형자산이 기업의 경쟁우위를 결정하며 산업과 시장을 장악할 것으로 기대되기 때문입니다. 따라서 무형자산을 유형에 따라 정확하게 평가하고 관리하는 역량이 미래 기업의 회계·재무관리에 요구된다고 볼 수 있겠습니다.

토의

01 엔론, 대우그룹과 같은 대규모 분식회계에 연루된 기업사례를 조사하고, 분식회계를 방지하기 위한 방법에는 무엇이 있는지 논의해봅시다.

02 스타트업의 재무담당자 입장에서 외부 자금조달을 위한 방법에는 무엇이 있는지 조사해봅시다.

03 미래 회계·재무관리가 주목해야 할 무형자산은 무엇이 있을까요? 그리고 무형자산을 정확하고 평가하고 관리하기 위해서는 어떤 역량을 갖춰야 할지 논의해봅시다.

한눈에 보는
경 영 학

CHAPTER
10

4차 산업혁명
시대의 경영
패러다임

CHAPTER

10

4차 산업혁명시대의
경영 패러다임

들어가며

오늘날 경영현장은 대전환의 시기를 맞이하고 있습니다. '4차 산업혁명'이라 불리는 이 대전환은 산업과 시장뿐만 아니라 기업의 경영활동에도 지대한 영향을 미칠 것으로 예상됩니다. 전례 없는 초경쟁(Hyper Competition)이 대부분의 산업들에서 나타나고 있으며, 기술발전의 고도화는 기업들이 그동안 쌓아온 전통적인 역량들을 파괴하고 새로운 역량들을 갖출 것을 요구하고 있습니다. 또한 전 세계적으로 공공영역이 확대되고 있으며 사회의 수요가 복잡해지면서 기업의 목표가 이익 극대화에 머물지 않고 사회적 가치창출로 확장되고 있습니다. 무엇보다도 2020년에 발생한 '코로나 팬데믹'은 이 변화들을 더욱 가속화하여 새로운 기준(New Normal)으로 자리잡게 만들었습니다. 이 같은 경영환경의 변화는 기업경영의 주요 개념들을 재정의할 뿐만 아니라 새로운 개념들을 도입시킴으로써 경영학적 이해에도 획기적인 발전이 필요함을 시사하고 있습니다. 이 장에서는 4차 산업혁명 시대에 경영 패러다임이 어떻게 변화하고 있으며, 이 패러다임 변화에 대응하기 위해서 기업은 어떻게 변화해야 하는지를 중점적으로 설명하겠습니다.

1. 4차 산업혁명 시대 경영환경의 변화

4차 산업혁명이란 과거에는 서로 단절되어 있던 분야들이 인간을 중심으로 융합하여 발전해나가는 새로운 기술혁신 패러다임을 말합니다.[13] 인공지능, 빅데이터, 사물인터넷, 스마트공장, 로봇, 드론, 자율주행, 3D 프린팅, 가상/증강현실 등 여러 분야들의 융합하면서 전반적인 가치사슬을 변화시켜 기업의 사업방식을 바꿔놓게 됩니다. 따라서 4차 산업혁명은 기술의 단순한 개선이나 생산방식의 혁신을 의미한다기보다는 기업경영의 패러다임이 변화한다는 것을 의미합니다.14 이 장에서는 다가올 시대에 주목해야 할 경영 패러다임 변화로 초경쟁환경, 언택트 경영, 인공지능 도입과 자동화, 사회적 가치를 중점적으로 살펴보겠습니다.

(1) 초경쟁환경

초경쟁(Hyper Competition)은 지속적인 혁신 없이는 경쟁우위를 유지할 수 없는 상황을 말합니다. 과거에는 기업이 신기술이나 신제품 도입을 통하여 한 번 경쟁우위를 확보하면 상당 시간 선도적 위치를 확보할 수 있었지만, 오늘날의 초경쟁환경은 그것을 불가능하게 만들었습니다. 초경쟁환경의 특성은 첫째로 속도(Speed)입니다. 제품생애주기가 극단적으로 짧아지고 기술발전의 속도가 엄청나게 빨라지면서 기업들의 경쟁양상은 속도전이 되고 있습니다. 얼마나 빠르게 신제품을 도입하고 신기술을 개발하느냐에 따라 기업의 생존가능성이 달라지며, 끊임없이 변화하는 트렌드에 얼마나 빠르게 대응하느냐에 따라 기업의 실적이 좌우되고 있습니다. 의사결정 속도가 느리거나 과거의 성공신화에서 벗어나지 못한 기업들은 급변하는 경쟁환경에서 빠르게 도태되고 있습니다. 초경쟁환경의 두 번째 특성은 불확실성(Uncertainty)입니다. 불확실성은 위험(Risk)과는 달리 손익의 가능성을 확률적으로 평가할 수 없을 때 발생합니다. 경쟁환경의 불확실성이 증가할수록 기업이 경영활동을 효과적으로 수행하기가 어려워집니다. 이 불확실성은 국제정치, 유가변동 등과 같은 외부요인에 의해서도 증가하지만 기본적으로 현대 기업이 수행하는 경영활동의 특성 자체에 의해서 증가합니다. 세계

---

13 정희선·김범준. (2017). 4차 산업혁명 시대에 경쟁력 제고를 위한 조세지원 방안. Korea Business Review, 21(4), 199~218.

14 이원준. (2018). 4차 산업혁명의 논의와 경영 및 마케팅 관리의 변화. Korean Business Review, 22(1), 177~193.

화로 인해서 오늘날 대부분의 기업들이 초국가적 수준의 경영활동을 수행하고 있어 경영활동의 유형이 다양하며 그 범위도 넓기 때문입니다. 이 같은 불확실성은 의사결정의 정확성을 떨어뜨림으로써 기업이 실패할 가능성을 크게 높이고 있습니다. 초경쟁환경의 세 번째 특성은 무경계성(Boundarylessness)입니다. 전통적으로 기업들은 특정 산업이나 시장 내에서 경쟁을 벌여왔지만, 초경쟁환경에서는 산업과 시장의 장벽들이 해체됩니다. 기술의 급격한 발전과 융복합은 산업과 시장의 경계를 허물어버리고 통합시켜서 경쟁강도를 높일 뿐만 아니라 경쟁양상 자체를 바꾸어놓고 있습니다. 이 같은 변화는 특정 산업과 시장 내 '1등 기업'이 갖는 의미를 무색하게 만들고 시장질서와 경쟁규칙을 리셋(Reset)시킨 것입니다. 과거의 기업들은 기술력이나 비용우위를 통하여 경쟁력을 달성했다면, 경계가 무너진 현시대의 기업들은 끊임없는 혁신성을 바탕으로 한 융복합적 가치창출을 통해서만 경쟁력을 확보할 수 있는 것입니다.

과거 맥도날드와 스타벅스는 각각 패스트푸드업과 식음료업이라는 서로 다른 사업영역을 가진 기업이었지만, 맥도날드가 2000년대 중반 '맥커피'를 출시하면서 사업영역이 겹치기 시작했습니다. 이후 스타벅스도 푸드상품을 대폭 늘리면서 두 기업은 서로 다른 산업에 소속되면서도 크게 겹치는 사업영역을 가진 경쟁관계가 되었습니다. 애플도 원래는 PC가 주력상품인 컴퓨터 회사였지만, 에어팟 MP3플레이어를 출시하면서 삼성전자와 사업영역이 점차 겹치기 시작하면서 아이폰 출시를 기점으로 확실한 라이벌 관계를 형성하게 되었습니다. 특히 애플의 스마트폰 출시는 컴퓨터 회사가 통신사업에도 진출했다는 점에서 초경쟁환경의 무경계 특성을 보여준 전형적인 예시라고 할 수 있습니다. 애플이 스마트폰을 출시하기 직전까지만 해도 전 세계 통신사업은 통신업체들이 독점적으로 주도해왔지만, 애플이 모바일 생태계를 창조하여 통신사업을 침범하기 시작하면서 통신업체들의 수익성은 크게 감소하였습니다. 이처럼 초경쟁환경에서 기업들이 살아남기 위해서는 특정 산업과 시장에 특화된 기술력이 아닌 혁신성에 기반한 융복합적 기술력이 요구된다는 것을 알 수 있습니다.

(2) 언택트 경영

언택트(Un-tact)란 비대면을 말합니다. 정보통신기술의 발전은 직접적인 대면 없이도 경제활동을 가능하게 만들고 있습니다. 고객들은 직접 매장에 방문하지 않아도 상품을 주문하고 집에서 수령할 수 있으며, 기업들도 직원들의 재택근무를 비롯하여 온라인 발주 및 계약, 상품인도에 이르기까지 경영활동의 대부분을 비대면으로 진행할 수 있게 되었습니다. 물론 대면을 통한 경영활동의 중요성은 여전히 남아있지만, 반드시 대면으로 진행할 필요가 없는 일부 영역들을 비대면으로 전환함으로써 고객들에겐 편의성을 제공하고 기업들은 비용을 절감하는 긍정적인 효과가 있습니다.

이 같은 언택트 경영은 2020년에 발생한 코로나 팬데믹을 계기로 급격하게 확대되었습니다. 과거에는 일부 기업들을 중심으로 한정된 영역에서만 비대면 경제활동이 이뤄져왔지만, 코로나 바이러스의 확산 방지를 위해 각국 정부들이 실시한 방역조치로 인해 많은 기업들이 사회적 거리를 유지해야 했고, 이러한 상황 속에서 선택한 것이 언택트 경영인 것입니다. 바이러스 감염에 대한 공포로 오프라인 매장을 방문하는 고객들은 크게 줄어든 반면 온라인 쇼핑몰의 이용자 수는 크게 증가하기 시작했습니다. 기업들도 순환적 재택근무를 실시하면서 온라인 협업체제를 구축하기 시작했으며 직원들은 온라인을 활용한 미팅에 익숙해지기 시작했습니다. 이처럼 코로나19는 언택트 경영이 이제는 새로운 방식이 아닌 새로운 기준(New Normal)으로 자리 잡게 만들었습니다. 전문가들은 코로나19가 종식된다고 해도 사람들의 생활방식이 그 이전으로 돌아가기는 어렵다고 지적합니다. 비대면 경제활동에 익숙해진 고객들은 그 편의성을 포기하지 않을 것이며 기업들은 온라인기반 경영활동의 높은 효율성과 낮은 비용을 인지하였기 때문입니다. 다시 말해 코로나19를 계기로 대두된 언택트 경영이 포스트 코로나 시대에는 정상적인 사업방식으로 자리 잡을 것이며 전통적인 사업방식을 고수하는 기업들은 도태될 가능성이 높다는 것입니다. 이미 대규모 관광업체들과 오프라인 매장 중심의 유통업체들은 적자가 장기화되어 심각한 위기를 겪고 있는 반면 코로나 이전부터 온라인 플랫폼을 착실하게 성장시킨 기업들은 전

에어비앤비는 2008년 스타트업으로 설립된 숙박 공유 플랫폼입니다. 코로나19가 발생하기 직전에 에어비앤비는 상장을 목전에 두고 있었으며 무려 37조 원의 기업가치를 갖는 것으로 평가되었습니다. 그러나 코로나 팬데믹 이후 관광업계 불황이 장기화되면서 에어비앤비의 가치는 20조 원으로 감소하였을 뿐만 아니라 25%의 직원들이 해고되었습니다. 이 같은 어려움에도 불구하고 에어비앤비는 '국경은 막혀있지만 사람들은 여전히 여행을 원한다'라고 분석하며 사람들의 '관광 욕구' 자체에 주목하여 전략을 수정하였습니다. '여행은 가까운 곳에서'라는 마케팅 컨셉을 내세우며 단거리 여행상품을 강화하고, 일(Work)과 휴가(Vacation)가 합쳐진 개념인 워케이션(Workcation)에 주목하여 장기숙박 프로그램을 강화시킨 결과 2020년 3분기에 매출을 회복하여 2,500억 원의 흑자를 내었고, 같은 해 12월 말에는 나스닥 상장에 성공하여 시가총액이 무려 97조 원에 도달하였습니다. 에어비앤비의 사례는 포스트 코로나 시대에는 언택트 경영환경에 빠르게 적응하여 효과적인 전략을 실행하는 기업만이 살아남을 수 있다는 것을 시사합니다.

례 없는 호황을 누리며 급성장하고 있는 상황입니다.

(3) 인공지능 도입과 자동화

4차 산업혁명의 핵심 기술인 인공지능, 빅데이터, 사물인터넷, 스마트공장, 로봇, 드론, 자율주행 등은 기업의 경영활동에 근본적인 변화를 일으키고 있습니다. 전통적으로 기업은 공장에 생산에 최적화된 설비를 배치하고 근로자들이 이를 관리·감독하는 방식으로 생산활동을 수행해왔지만, 위 기술들은 필요한 생산설비의 개념을 재정의할 뿐만 아니라 사람의 관리 없이도 안정적으로 생산활동이 수행될 수 있도록 지원합니다. 빅데이터를 기반으로 인공지능은 생산공정을 실시간 관리하여 불량률을 획기적으로 줄이고 효율성을 극대화할 수 있습니다. 또한 신제품의 테스트와 양산을 동시에 작업하고 분석하여 실시간으로 제품을 개량해나갈 수도 있습니다. 사물인터넷과 로봇 기술의 발전은 산업용 로봇의 광범위한 활용을 통해 기업의 생산능력을 고도화할 것으로 보입니다. 기업의 판매활동도 큰 변화를 맞이하고 있습니다. 과거에는 고객들의 욕구를 분석하고

아마존은 2013년부터 드론을 활용한 배송기술을 개발해왔으며 2020년에는 드론 배송 서비스인 'PrimeAir'의 허가를 미국 연방항공처로부터 받아냈습니다. 이 기술이 상용화되기 위해서는 아직 여러 단계가 남았다고 하지만, 물류산업의 지각변동을 일으킬 차세대 기술로 기대를 받고 있습니다. 테슬라는 경쟁사들보다 발 빠르게 자율주행기술인 'AutoPilot'을 상용화하여 모든 테슬라 차량에 탑재하고 있으며 지속적인 소프트웨어 업그레이드를 통하여 소비자들의 긍정적인 반응을 이끌어내고 있습니다. 자율주행기술은 향후 자동차의 개념 자체를 근본적인 수준에서 바꿔놓을 것으로 전문가들은 전망하고 있습니다.

이를 충족시키는 특성을 가진 신제품을 개발하였으나, 빅데이터 기술은 고객들 스스로도 인지하지 못하는 욕구를 파악하고 이를 기반으로 전에 없던 창조적인 신제품을 개발할 수 있도록 지원할 수 있습니다. 또한 기업은 효율성이 낮은 대규모 홍보활동 대신 고객들의 평소 선호도를 알고리즘을 통하여 파악한 다음 적합한 제품을 제안하는 개별화된 홍보활동을 수행할 수도 있습니다. 기업의 내부 관리도 크게 달라질 것으로 보입니다. 오늘날 많은 기업들이 채택하고 있는 전사적 관리시스템(ERP: Enterprise Resource Planning)이 인공지능과 빅데이터 기술에 힘입어 실시간으로 자원을 배분하고 인재를 관리하며 의사결정에 필요한 정보들을 제공하는 시스템으로 발전할 수 있습니다. 과거에는 기업의 의사결정에 경영자의 경험과 직관이 많이 반영되었다면, 앞으로는 이를 보완하거나 검증할 수 있는 의사결정 모델이 제공됨으로써 의사결정의 정확성을 개선할 수 있을 것입니다.

(4) 사회적 가치

오늘날 많은 기업들은 이익 극대화와는 직접적인 관련이 없어 보이는 사회참여활동을 광범위하게 수행하고 있습니다. 흔히 기업의 사회적 책임(CSR: Corporate

Social Responsibility)이라 불리는 활동이 그것이며, 최근에는 기업이 가치사슬의 변화를 일으켜 이익을 사회와 공유하는 기업의 사회적 공유(CSV: Creating Shared Value)가 대안적 활동으로서 확산되고 있습니다.15 4차 산업혁명 시대에는 사회적 가치가 기업들에게서 더 강조될 것으로 보이는데 그 배경은 다음과 같습니다. 첫째로 공공영역의 확대입니다. 미래학자들은 급격한 기술발전이 야기하는 부의 불균등한 분배가 빈익빈부익부를 가속화할 것이며, 이에 대응하기 위한 정부의 역할이 더 강화될 것이라 전망합니다. 이는 4차 산업혁명으로 일자리가 감소하면 그만큼 가계수입도 감소하게 되고, 사회안정성을 유지하기 위하여 정부는 사회복지를 강화할 가능성이 높다는 것입니다. 이때 기업의 사회참여활동은 선택이 아닌 필수가 될 것으로 보입니다. 기업은 이익을 사회에 환원하는 것을 넘어서 사회와 이익을 공유해야만 중장기적으로 사회와 국가의 지원과 지지를 얻어서 생존할 수 있을 것입니다. 둘째로 사회수요의 다변화입니다. 과거에는 소비자들이 단순히 필요한 제품을 찾았다면 앞으로는 자신의 정체성과 사회적 가치를 드러낼 수 있는 제품을 찾을 것입니다. 이는 사회가 발전하면서 최소한의 생리적 욕구가 만족되었기 때문이며, 소비자들이 고차원적인 욕구를 가지게 되면서 나타난 변화입니다. 이때 기업은 얼마나 많은 이익을 낼 것인가를 고민하기보다 어떻게 사회적 가치를 창출해낼 것인가를 고민해야 할 것입니다. 소비자들은 자사의 이익만을 추구하는 기업은 외면할 것이며 사회에 창조적인 가치를 창출해내는 기업은 호의적으로 대할 것이기 때문입니다. 하지만 사회적 가치 창출이 전혀 새로운 개념은 아닙니다. GE, 포드, 애플과 같은 위대한 기업들이 이미 사회적 가치를 추구하며 성장하고 발전해왔기 때문입니다. 4차 산업혁명 시대에는 사회적 가치가 담긴 비전을 좇고 실현하는 기업들만이 성장하고 살아남을 것입니다.

---

15 Porter, M., & Kramer, M. (1999). Philanthropy's new agenda: Creating Value. Harvard Business Review, 77(6), 121~130.

•

애플을 설립한 스티브 잡스는 기부와는 거리가 먼 기업가로 알려져 있지만, 젊은 시절 그는 확고한 비전을 품고 애플을 설립했습니다. 스티브 잡스의 비전은 '시골 할머니도 손쉽게 사용할 수 있는 컴퓨터를 개발하여 보급하는 것'이었습니다. PC가 막 등장하던 당시에 이 비전은 불가능한 꿈이었으며 어느 누구도 기대하지 않는 것이었지만, 2007년 아이폰을 출시하면서 스티브 잡스는 이 비전을 현실로 만들었습니다. 스티브 잡스의 비전은 자신의 이익을 추구한다기보다는 누구나 편리하게 컴퓨터를 사용할 수 있는 사회적 가치를 추구하는 것이었으며, 아무도 꿈꾸지 않지만 매력적이면서도 도전적인 꿈이었습니다. 4차 산업혁명 시대에는 바로 이런 비전이 기업들에게 요구되는 것입니다.

2. 4차 산업혁명시대 기업경영의 특징

4차 산업혁명시대 경영 패러다임의 변화는 기업들에게 대전환을 요구하고 있습니다. 경영환경은 지난 100년 동안에도 지속적으로 변화해왔지만 기업들은 기존의 관행과 구조, 전략을 점진적으로 수정하면서 그 변화에 대응할 수 있었습니다. 하지만 4차 산업혁명은 경영환경을 완전히 재구성하여 경쟁의 법칙을 바꾸고 있기 때문에 기업들이 전에 해왔던 점진적 대응만으로는 충분하지 않으며 사고하고 일하는 방식 자체를 바꾸어야 합니다. 4차 산업혁명시대에 경쟁력을 가질 수 있는 기업의 특징들은 다음과 같습니다.

(1) 느슨한 연결(Loose-coupling)

느슨한 연결이란 조직의 구성요소들이 구조적으로 느슨하게 연결되어 있는 상태를 의미합니다. 일반적으로 조직구조는 긴밀한 연결(Tight-coupling)을 이루는 것이 적절하다고 여겨지는데 이는 계층 간 공백이 적고 업무분담이 최적화되어 효율성이 높아지기 때문입니다. 하지만 이 구조는 외부충격에 취약하며 하위계층의 자율성이 떨어진다는 한계가 있습니다. 조직의 구성요소들 사이에 공백이 없기 때문에 한 부분에 주어지는 충격이 전체시스템으로 확산될 가능성이 높고, 의사결정 구조가 하향식(Top-down)이기 때문에 현장의 직원들이 자율적으로 의사결정을 내리기 힘들다는 것입니다. 반면 느슨하게 연결된 조직구조는 구성요소들 사이에 의도적으로 공백을 배치함으로써 외부충격을 흡수하는 데 유리하며, 하위계층에도 임파워먼트(Empowerment)를 통해 의사결정 권한이 주어지기 때문에 민첩성이 높다는 이점이 있습니다.[16] 느슨한 연결구조는 전통적인 피라미드형 조직이 아닌 전문역량에 기반한 팀 단위 부서들의 연결에 의해 실현될 수 있습니다. 4차 산업혁명 시대에는 경쟁환경의 급변으로 외부충격이 빈번하며 그 영향이 크기 때문에 이를 효과적으로 흡수하여 민첩하게 대응하는 조직이 유리합니다. 따라서 느슨한 연결구조는 4차 산업혁명 시대에 적합한 조직의 핵심 특성이라고 볼 수 있습니다.

(2) 구현화(Enactment)

과거에는 환경을 분석하고 전략을 수립하여 경영활동을 효과적으로 수행할 수 있었습니다. 하지만 경쟁환경이 급변하는 오늘날에는 이 방식은 적합하지 않습니다. 주어진 환경을 정확하게 분석을 하더라도 실제 행동을 취할 시점에는 이미 다른 환경으로 변해버리기 때문입니다. 기업들이 전통적으로 채택해왔던 합리적 의사결정 모델이 실패할 가능성이 더욱 높아진 것입니다. 미래 시대에는

---

16 Weick, K. E. (1976). Educational organizations as loosely coupled systems. Administrative Science Quarterly, 21(1), 1~19.

환경에 대한 기업의 보다 능동적인 역할이 요구됩니다. 구현화란 환경에 대응하는 것이 아닌 환경을 창조하는 것을 말합니다. 기업이 주어진 환경에 수동적으로 적응하는 것이 아니라 기업에 유리한 환경으로 변화시키고 조성하여 가치를 창출한다는 것입니다. 이미 구현화를 통하여 산업을 선도하는 기업들이 있습니다. 애플은 모바일 생태계를 창조하여 통신산업과 컴퓨터산업의 중심을 모바일로 이동시켰으며, 테슬라는 혁신적인 전기차를 개발하여 자동차산업의 핵심 축을 내연기관에서 전기로 옮기고 있습니다. 앞으로 구현화는 기업들에게 선택이 아닌 필수가 될 것입니다. 과거처럼 계획하고 행동하기에는 경쟁환경의 변화가 빠르기 때문이며, 선도적으로 새로운 환경을 구현하는 기업만이 모든 것을 차지할 수 있기 때문입니다.

(3) 친사회적 목표(Prosocial Goal)

공공영역의 확장과 사회수요의 다변화는 기업들에게 더 많은 사회적 역할을 요구할 것입니다. 지금까지는 기업이 일자리를 창출하거나 사회에 이익을 환원하는 정도의 역할이 요구되어왔다면, 앞으로는 기업이 사회적 가치를 반영한 사명과 비전을 수립하고 이를 구성원들과 공유하는 것이 중요해질 것입니다. 궁극적으로 조직의 존재 의의는 개인이 홀로는 달성해내지 못하는 큰 목표를 달성하는데 보다 효과적이기 때문입니다. 기업은 개인과 사회가 가지지 못한 자원과 시스템을 보유하고 있기 때문에, 기업이 발전할수록 사회수요를 얼마나 충족시키느냐에 따라 기업의 이미지와 명성, 가치가 달라질 것입니다. 따라서 4차 산업혁명 시대에는 기업들이 사회적 가치를 보다 중시하며 적극적으로 기업의 비전과 목표에 반영할 뿐만 아니라 그것을 실현하기 위한 전략을 수립하여 실행에 옮겨야 할 것입니다.

(4) 기업가정신(Entrepreneurship)

기업가정신이란 환경의 변화로부터 기회를 포착하고 활용하기 위하여 혁신적인 행동을 함으로써 새로운 가치를 창조해내는 행위와 의지를 말합니다.[17] 전통적으로 기업가정신은 창업과 관련된 개념으로 논의되었지만 최근에는 일반 기업에도 적용되는 개념으로 논의되고 있습니다. 특히 기업이 급변하는 경쟁환경에 대응하기 위해서는 끊임없는 파괴적 혁신(Disruptive Innovation)이 필요하다는 관점에서 기업가정신의 중요성은 더욱 높아지고 있습니다. 능동적으로 환경의 변화에 민감하게 반응하며 새로운 기회를 찾고 이를 활용하기 위해 새로운 수단과 방법을 모색하는 기업가정신이 기업 내부에서도 나타나야 한다는 것입니다. 미래 시대의 기업가정신은 경영진에게만 적용되지 않습니다. 기업의 상위계층인 경영진에서부터 하위계층의 직원들에 이르기까지 모든 구성원들이 창조적인 기업가정신을 가지고 주어진 과업수행 이상의 것을 추구하여 새로운 가치를 창출해내야만 기업이 생존할 수 있는 것입니다.

(5) 조직적 사고(Organizational Thinking)

과거에는 기업이 특정 경영기능만을 잘 수행해도 경쟁우위를 확보할 수 있었지만 미래에는 기업이 모든 경영기능들을 잘 수행하더라도 생존하기 어려울 수 있습니다. 이미 많은 거대 기업들이 탁월한 역량을 보유하고 있었음에도 불구하고 경쟁환경의 변화에 제대로 대응하지 못하고 역사의 뒤안길로 사라졌습니다. 이는 바로 그 기업들에게 종합력이 부족했기 때문입니다. 기업의 구성원들이 각자 자신의 일을 잘 하는 것만으로는 부족합니다. 모든 구성원들이 유기적으로 연계되어 조직차원에서 경영활동을 수행할 수 있어야 기업의 경쟁력이 강화될 수 있는 것입니다. 구성원은 자신의 직무만을 잘 수행하려 하기보다는 전사적 차원에서 현재 직무가 어떤 가치가 있으며 어떻게 전체 목표달성에 기여할 수 있는지를 사고하여 그 맥락 속에서 직무를 수행해야 하는 것입니다. 기업은 모든 구성원들이 조직차원에서 사고하고 행동할 수 있는 사고방식을 배양해야 하고 구성원들이 긴밀한 상호협력을 통해서 조직차원의 산출물을 낼 수 있도록 직무를 설계해야 합니다. 기업에서 일어나는 모든 경영활동이 조직차원의 목표달

---

17 Schumpeter, J. (1934), The theory of economic development. Cambridge: Harvard University Press.

성을 위해 일어날 때 기업은 종합력을 발휘할 수 있을 것이며, 이 종합력이 4차 산업혁명 시대 경쟁우위의 유일한 원천이 될 것입니다.

나가며

경영학이 타 학문과 다른 결정적인 차이는 바로 실용주의(Pragmatism)를 추구한다는 점에 있습니다. 이 실용주의는 현대 경영학의 목표이자 도전과제입니다. 전통적인 경영학은 각 경영기능을 중심으로 발전해왔지만 이 모델은 오늘날의 기업들에게는 실질적인 도움을 주지 못하고 있습니다. 이는 기업이 각각의 경영기능을 잘 수행하더라도 경영기능들 간의 긴밀한 협력과 조화를 통한 종합력 없이는 경쟁우위를 달성하기 어렵기 때문입니다. 오늘날의 급변하는 경쟁환경에서 기업이 살아남기 위해서는 모든 경영기능들을 잘 수행하는 것만으로는 부족하며 조직차원의 목표의식을 가지고 유기적인 상호협력이 이뤄져야만 하는 것입니다.

이 책은 경영의 본질로 돌아가서 경영의 기본 목적과 환경 – 전략 – 구조의 관계, 그리고 그 안에서 각 경영기능의 역할과 미래 시대의 경영 패러다임에 대해 살펴보았습니다. 근본적인 경영의 본질은 시대가 바뀌어도 변하지 않습니다. 그것은 바로 '가치창출(Value Creation)'입니다. 가치를 창출하기 위해 기업은 사명과 비전을 수립하고 목표를 설정합니다. 그리고 목표를 달성하기 위해 전략을 수립하고 이를 지원하기 위한 각 경영기능의 역할을 정하게 되는 것입니다. 오늘날 경쟁환경은 빠르게 변하고 있지만 가치창출이라는 경영의 본질은 변함이 없기 때문에 기업이 경쟁환경의 변화에 효과적으로 대응하기 위해서는 바로 본질에 집중해야 합니다. 이 책의 내용은 바로 여기에 초점을 맞추고 있습니다. 인적자원관리, 마케팅, 생산관리, 회계·재무관리 등 모든 경영기능은 여전히 중요하고 앞으로도 중요할 것입니다. 하지만 이 경영기능들이 기업의 비전과 목표, 그리고 전략 안에서 효과적으로 수행될 때 기업은 생존하고 성공할 수 있을 것입니다. 구성원들에게 주어진 직무들도 이와 같은 맥락 속에서 수행될 때 효과적으로 전체 기업경영에 기여할 수 있습니다.

경영은 경영진만의 독점적인 활동이 아닌 모든 구성원들의 활동이며 대기업들만의 영역이 아닌 스타트업과 자영업자들의 영역이기도 합니다. 또한 기업을 경영하는 방식은 삶을 경영하는 방식과도 동일하기 때문에 경영은 어렵고 추상적이며 고차원적인 활동이 아니라 모든 사람들의 일반적인 삶과 함께 하는 일상적인 활동인 것입니다. 따라서 모든 사람들은 자신의 고유한 사명을 발견하여 비전을 수립하고 환경을 이해하며 목표와 전략을 수립해야 합니다. 그리고 그 맥락에서 자신의 분야에 따라 차별화된 의사결정을 내려야 하는 것입니다. 이 관점에서 필자는 경영학이 기업인들뿐만 아니라 개인의 삶을 풍요롭게 하는데도 이바지할 것이라 믿어 의심치 않습니다. 바로 이 책이 그와 같이 기여할 수 있기를 기대합니다.

정대훈

연세대학교 경영학과를 졸업하고 동대학원에서 경영학 박사학위를 취득하였다. 카이스트 경영연구소와 덕성여자대학교에 재직하였으며 현재 강릉원주대학교 경영학과 조교수로 재직 중이다. 주로 기업, 대학, 의료기관 등의 변화와 혁신을 연구하여 국내외 학술지에 다수의 논문을 발표하였으며, <경영학원론>, <인적자원관리>, <조직행동론> 등을 강의하고 있다.

한눈에 보는 경영학

초판발행	2021년 10월 30일
지은이	정대훈
펴낸이	안종만·안상준
편 집	전채린
기획/마케팅	손준호
표지디자인	박현정
제 작	고철민·조영환
펴낸곳	(주)박영사
	서울특별시 금천구 가산디지털2로 53, 210호(가산동, 한라시그마밸리)
	등록 1959. 3. 11. 제300-1959-1호(倫)
전 화	02)733-6771
f a x	02)736-4818
e-mail	pys@pybook.co.kr
homepage	www.pybook.co.kr
ISBN	979-11-303-1402-0　93320

정 가　　　12,000원